.

Das Zwanzigste Jahrhundert

Lyrik und Prosa aus Armenien

Ausgewählt und aus dem Armenischen
übersetzt von Gerayer Koutcharian,
nachgedichtet und eingeleitet
von Tessa Hofmann

Bibliographische Information der Deutschen Nationalbibliothek:
Die Deutsche Nationalbibliothek verzeichnet diese Publikation in
der Deutschen Nationalbibliografie; detaillierte bibliografische Da-
ten sind im Internet über http://dnb.dnb.de abrufbar.

© 2024 Tessa Hofmann
Verlag: BoD · Books on Demand GmbH,
In de Tarpen 42, 22848 Norderstedt
Druck: Libri Plureos GmbH, Friedensallee 273,
22763 Hamburg

ISBN: 978-3-7693-1881-4

Inhalt

7

Einführung

Das 20. Jahrhundert bildet den Tiefpunkt der an Katastrophen und Vernichtungserfahrungen überreichen armenischen Geschichte. An seinem Beginn setzen sich die Massaker des späten 19. Jahrhunderts fort, gefolgt vom Ersten Weltkrieg und dem Genozid an anderthalb Millionen Armeniern osmanischer Staatszugehörigkeit. Der Siedlungsraum der Armenier reduzierte sich um mehr als neun Zehntel von 400.000 qkm auf die Sowjetrepublik Armenien und jene armenischen Randgebiete, die sich Armeniens ebenfalls sowjetisierte Nachbarländer Aserbaidschan (Bergkarabach, 12.000 qkm, Nachitschewan, 5.363 qkm) und Georgien (Dschawachk/Dschawacheti, 2.589 qkm) mit Zustimmung der sowjetrussischen Zentralmacht aneigneten.

Unter sowjetischer Herrschaft folgte 1936-39 während der stalinistischen „Großen Säuberung" ein zweiter Elitizid, dem überproportional zahlreiche armenische Flüchtlinge aus dem Osmanischen Reich zum Opfer fallen; weitere Deportationen von Armeniern aus dem Osmanischen Reich, die man pauschal des Nationalismus verdächtigte, erfolgen nach dem Zweiten Weltkrieg.

Wie schon der Militärputsch des türkischen *Komitees für Einheit und Fortschritt* (alias Jungtürken) 1908 erzeugte auch die von Michail Gorbatschow 1986 eingeleitete Reformperiode die Hoffnung auf tiefgreifende Besserung der politischen Verhältnisse und staatsbürgerlichen Rechte. Doch der Euphorie folgt bald tiefe Enttäuschung. Am Ende der Sowjetära steht der für die in Bergkarabach lebenden Armenier vergebliche Kampf um die Vereinigung mit der (Sowjet)republik Armenien. Die 1991 unabhängige postsowjetische Republik wagte diesen Schritt nie, um sich nicht international zu isolieren. Die De Facto-Republik Bergkarabach (ab 2017: Arzach) blieb sich weitgehend 32 Jahre überlassen, bis es Aserbaidschan im Zweiten Karabachkrieg (Herbst 2020) gelingt, ein Drittel der Region wieder unter seine Kontrolle zu bringen. Die vollständige Unterwerfung erfolgte 2023 mit der neunmonatigen Aushungerung der umzingelten Restbevölkerung, einem weiteren Militärangriff sowie der Vertreibung von über 100.000 Menschen. Doch da sind wir bereits im 21. Jahrhundert.

Wie bewältigten die Autoren und Autorinnen Armeniens diese schnelle Abfolge von Gefährdung und Verlusten an Menschenleben sowie Heimat, nur kurzzeitig unterbrochen von vergeblicher Hoffnung? Dies versucht die vorliegende Anthologie herauszuarbeiten, indem sie sieben Themenschwerpunkte aus den Werke von 33 Autorinnen und Autoren vorstellt.

Armenien, das „Land, wo Dunkelheit herrscht und Tod"

Für den 1915 brutal ermordeten Dichter Daniel Waruschan war Armenien ein Land friedlicher Ackerbauern. In seinem bekannten Gedicht *Weizenmeere* zeichnet er in expressionistisch bewegtes Bild seiner ländlichen Heimat. Die Kurzgeschichten von Wrtanes Papasjan *Die Wankatze* und Ruben Sardarjan *Der Gampr, ein Wolfshund* stellen zwei für das historische armenische Siedlungsgebiet charakteristische Tiere als idealisierte Verkörperungen von Kampfgeist, Stolz und Freiheitsliebe vor. Für Geworg Dewrikjan verkörpert der Maulbeerbaum die verlorene westarmenische Heimat und die Liebe zu den Eltern. Pars pro toto steht der biblische Berg der Archelandung Noahs, der Ararat, für Armenien, ohne dass ihn Ljudwig Durjan in seinem Gedicht *Der Berg* beim Namen nennt. Der Dichter setzt voraus, dass seine Leser verstehen, dass unter allen Gipfeln des Gebirgslandes Armenien dieser höchste und heiligste aller Gipfel gemeint ist.

Wahan Tekejan (*Der Pappelhain*) und Wahagn Dawtjan (*O gib mir meine blühende Heimat!*) wenden sich einer halbmythischen Vergangenheit zu, um ihre Ideale zu erläutern. In Dawtjans Begegnung zwischen der Königin Kleopatra und dem gefangenen armenischen König Artabas zieht jener den Tod der Unterwerfung unter die Begierde seiner Gegnerin vor.

Jerische Tscharenz, dessen herausragende Bedeutung in der armenischen Lyrik der ersten Hälfte des 20. Jahrhunderts auch mit der Wladimir Majakowskijs verglichen wurde, feiert in seinem *Allpoem* mit internationalistischem Pathos Armenien als gleichberechtigte Teilnehmerin der Weltrevolution. Sein fast zeitgleich entstandenes *Gesangbuch* bleibt dagegen dem traditionellen orientalischen Versmaß verpflichtet und preist die Einzigartigkeit der armenischen Kultur. Der wortgewaltige Sänger der Revolution fällt ab 1932 den stalinistischen Verfolgungen zum Opfer.

Nach dem Zweiten Weltkrieg setzen sich armenische Dichter zunehmend mit dem Gegensatz der territorialen Unbedeutendheit ihrer verbliebenen Heimat und deren großem Beitrag zur Weltkultur auseinander. Als Austragungsstätte der Vormachtkämpfe seiner stets stärkeren Nachbarn verlor Armenien bereits im 4. Jahrhundert seine Souveränität und wurden zwischen Persien und Ostrom, im 16. Jahrhundert zwischen Persien und dem Osmanischen Reich geteilt. Der Identitätsbewahrung und dem Zusammenhalt diente die frühe Christianisierung; nach armenischer Überlieferung erfolgte sie um das Jahr 301 und somit zwölf Jahre vor dem Mailänder Toleranzedikt. Um das Christentum auch als Volksreligion durchzusetzen, übersetzte der Mönch und vormalige Hofsekretär Mesrop Maschtoz mit seinen Schülern bis zum Jahr 433 die gesamte Bibel in die Landessprache und schuf dafür um das Jahr 404 ein eigenes, bis heute verwendetes Vollalphabet, dessen 36 Buchstaben den Lautbestand der armenischen Sprache vollständig wiedergeben.

In seinem programmatischen Gedicht *Wir* (1970; erschienen in seinem Zyklus *Das 20. Jahrhundert*) lotet der Dichter Geworg Emin die Auswirkungen der Geschichte auf die hybride armenische „Bindestrich-Identität" aus, die er als widersprüchlich und eingeschränkt umschreibt:

„Doch was waren wir/ und was unser Land?/ Wir saßen krumm, doch sprachen aufrecht./ Ein Schiff, gestrandet auf trockenem Fels./ Wir waren ein Kelch, doch mit Tränen gefüllt./ Wir waren die Erde, doch versteinert vor Angst./ Wir waren Gestein, doch schreiend vor Schmerz,/ Eine machtvolle Seele ohne den Körper,/ ein unikater Solitär ohne Plural./ Ein tapferer Heerführer ohne Soldaten,/ ergeben dem Kult von Ruinen und Altem."

Zugleich begründete Emin einen spezifischen sowjetarmenischen Kultur-Patriotismus, der die politische Bedeutungslosigkeit des Landes mit dem Stolz auf seine kulturellen Leistungen (versinnbildlicht im Astrophysikalischen Institut von Bjurakan) aufwog und dem geringen Landesterritorium seine Dauer in der Geschichte, verkörpert im eisenzeitlichen Vorgängerstaat Urartu, gegenüberstellt: „Ja, wir sind klein./ Wer befahl euch, uns so zu pressen,/ dass wir zu Diamanten wurden?/ Wir sind klein,/ gleich unserem Land./ Dessen Grenze reicht/ von Bjurakan bis zum Mond,/ von Lussawan bis Urartu." Beharrungsvermögen und Ausdauer, wie sie der Ararat versinnbildlicht, gelten aus dieser Sicht als weitere armenische Kardinaltugenden.

Auch Howhannes Grigorjan versucht, Trost aus der Tatsache zu schöpfen, dass Armenien ein winziges Land geworden ist: So kann man es auf der Landkarte mit einem Kuss bedecken und immer im Herzen tragen.

Dass sich das armenische Volk und sein Ursprungsland im Verlauf des 20. Jahrhunderts zunehmend voneinander lösten, wirft die Frage auf, was dann noch Heimat ist? Gibt es eine Heimat jenseits eines bestimmten Territoriums? Für die sowjetarmenische Lyrikerin Silwa Kaputikjan und den Diaspora-Armenier Muscher Ischchan ist die armenische Sprache die Heimat aller Armenier: „wohin du auch gehst in dieser Welt,/ und wenn du gar die Mutter selbst vergisst,/ der Mutter Sprache aber wirst du nie vergessen." „Die Heimat der Armenier ist ihre Sprache". Bei ihrer Einschulung leisten Kinder in Armenien den „Eid des Mesrop" und schwören, seinen heiligen Buchstaben stets treu zu bleiben.

Kaputikjans Patriotismus bleibt bei gelegentlichem Pathos frei von revanchistischen Untertönen. Als Kind armenischer Flüchtlinge aus dem Osmanischen Reich und Tochter eines Vaters, der als Aktivist der in Sowjetarmenien bereits Ende 1920 verbotenen und verfolgten Partei *Daschnakzutjun* angehörte, war sich die Dichterin der Tragik der armenischen Geschichte des 20. Jahrhunderts stets bewusst, interpretierte sie jedoch gemäß der offiziellen Geschichtslehre, wonach das armenische Volk sein Überleben der Sowjetmacht verdankte, beispielsweise im Zyklus *Gedanken auf halber Strecke* (1961). Den Gegensatz von dunkler Vergangenheit und lichter Zukunft umschrieb sie in dem Gedicht *Lied über unsere Steine* (1957) als den Kontrast der Klöster Armeniens, die aus schwarzem Tuff („schwarz wie unser schwarzes Schicksal") errichtet wurden und über Jahrhunderte nachdunkelten, und den hellen Farbnuancen moderner Bauten. In ihrem Kulturpatriotismus dem etwas älteren Dichter Geworg Emin nahe stehend, verglich Kaputikjan in ihrem Gedicht *Der Walnussbaum* (1946) die armenische Nation mit einem alten, fruchtbaren Baum, der seine Wurzeln und Zweige in einem „Weinberg, am äußersten Ende der Welt" über einem zu engen Territorium ausbreitet und deshalb mit seinen Früchten auch den „fremden Boden nährt".

16

Der Zerfall und die Selbstauflösung der Sowjetunion 1988-1991 stürzten auch die Bevölkerung Armeniens in eine Sinn- und Identitätskrise. Ruben Hachwerdjans Gedichte reflektieren den Machtwechsel und seine Folgen, die doch nur die alte Regel zu bestätigen scheinen, dass die neuen Herren den alten gleichen, nur dass ihr Appetit noch ungestillt ist.

Daniel Waruschan

Weizenmeere

Winde wogen.
Mein Weizen geht sacht und langsam auf.
Sein Inneres durchfließt endloses Flüstern.
Auf dem zartgrünen Hügelrücken
wogen Meere.

Winde wogen.
Platzregen flutet. Das üppige Feld rast.
Fast ertränkt es das weidende Zicklein.
Im Talgrund glitzern Wellen.
Meere wogen.

Winde wogen.
Bald glitzert der Mantel des Weizens,
dann platzend, dann feurig funkelnd
im Schatten, aufschäumend im Licht
wogen die Meere.

Winde wogen.
Unter Grannen wiegen sich unreife Ähren,
wo der Mond seinen Milchkrug vergoss.

Von den Tennen zum Dorf, von den Dörfern zur Mühle
wogen die Meere.

Winde wogen.
Smaragdgrün schwimmen die Felder, entgrenzt.
Der Sperling jubelt auf schaukelnder Ähre,
während unter dem rasenden Weizen
Meere wogen,
Winde wogen.

*

Wrtanes Papasjan

Die Wankatze

1.
Viele haben schon von ihr gehört, doch nur wenige haben
sie je gesehen. Und noch wenigere haben sie studiert.

Die Wankatze ist wunderschön, voller Wolle. Sie besitzt
einen schönen runden Kopf und hübsche, glänzende Au-
gen. Ihre Wolle reicht ihr bis an die Beine, und voller Be-
hagen streichelt man ihr den dichten seidigen Pelz.

Meine Tante besaß eine Wankatze, die eines Tages zwei
Junge gebar.

2.
Wir fanden unsere Pissik ausgestreckt, mit den Jungen in
ihrer Umarmung. Die Welpen waren ebenfalls sehr schön,
doch sie bewegten sich nicht. Die Katzenmutter leckte sie.
Ich versuchte, die beiden zu streicheln, schob die Mutter
zur Seite und hob die beiden erstickten Jungen hoch. Wie
schmerzte mich ihr Anblick! Die Katzenmutter näherte

sich ihren Welpen, leckte sie und versuchte, sie zu bewegen. Als sie begriff, dass sie nicht mehr lebendig würden, trat sie einen Schritt zurück und schaute uns an. Wir streichelten sie, und sie näherte sich erneut ihren Kindern, begann sie zu lecken. Da bemerkte ich in ihren Katzenaugen Tränentropfen. Die armen Kleinen! Der Kater hatte sie erwürgt. Die Katzenmutter schaute uns ruhig zu und verschwand dann, ohne sich umzublicken. Die Kinder meiner Tante hoben ein Loch aus und begruben dort die Kleinen.

3.

An jenem Tag hielt sich die Katze verborgen. Ich suchte überall nach ihr, ohne sie zu finden. Am nächsten Morgen sah ich, dass eine zerzauste graue Katze dort stand, wo die erwürgten Katzenkinder beerdigt lagen.

Der boshafte, grausame Kater! Er war der Mörder jener Welpen. Ich schaute mich um und entdeckte einige Schritte entfernt ihre Mutter, die zusammengekauert den Kater mit erschreckenden Augen ansah. Der Kater bemerkte das und lief mit zwei Sätzen fort. Ich kehrte zurück, schaute hoch und hörte das Miauen der beiden Katzen, die einander gegenüberstanden. Sie sprachen miteinander. Am Anfang miauten sie noch recht sanft. Vielleicht hatte die Katzenmutter den Kater für das, was er verbrochen hatte, zur Rede gestellt. Der Kater versuchte, sich zu rechtfertigen. „Nein!" schrie die Katzenmutter ganz wütend und sagte miauend: „Du bist unbarmherzig!" – „Ich tue es nicht wieder!" rief der Kater mit der Stimme eines Täters, während sein Schwanz hin und her peitschte. Die Katzenmutter aber beruhigte sich, und ihr Miauen wurde ebenfalls sanft. Die beiden sprangen herunter und gingen auseinander.

4.

Eine Woche danach beklagte sich meine Tante, dass unsere schöne Pissik den Topfdeckel zur Seite geschoben und das Fleisch gefressen habe. Ich schaute die Katze an, die gleichmütig am Rande des neugebauten Backofens saß und lächelte, als habe sie die Anklage verstanden. „Ich werde sie bestrafen", sagte meine Tante, nahm einen Zweig und griff die Katze an, die sich überhaupt nicht rührte. Sie blickte meine Tante hoheitsvoll an, nahm den Schlag auf sich, ohne einen Laut von sich zu geben oder die Haltung zu ändern. Meine Tante schlug sie noch einmal. Die Katze erhob sich, blickte meine Tante voller Verachtung an und verließ würdevoll das Zimmer, leise miauend. Daran habe ich begriffen, dass unsere Pissik unschuldig war und ihr Feind, der Kater, der Fleischdieb gewesen sein musste.

5.

Pissik war wegen des Todes ihrer Jungen sehr bekümmert und aß gar nichts mehr. Ich bat einen Nachbarn, uns ein Junges von seiner Katze zu geben. Dieses Junge brachte ich unserer Katze. Sie schaute das Kätzchen einige Minuten mit traurigem Blick an und überlegte, wie mir schien. Dann nahm sie es plötzlich ins Maul und trug es zu ihrem Körbchen, wo sie es ganz langsam zu lecken begann. Obwohl Pissik wusste, dass dies nicht ihr eigenes Junges war, hatte sie es adoptiert.

Unsere Pissik hatte aber keine eigene Milch mehr. So fütterten wir das Kätzchen mit Schafsmilch.

6.

Eines Sonntags saß ich neben meiner Tante. Wir unterhielten uns, als mein Vetter uns benachrichtigte, dass der

Kater erneut das Kätzchen erwürgt habe. Wir stürzten aus dem Zimmer und liefen zum Katzenkörbchen. Diesmal weinte Pissik nicht, sondern blickte wütend und sauste dann aus dem Zimmer.

Diesmal hatte der böse Kater den Kopf des Jungen abgebissen. Empört verließen wir den Raum und wurden dann Zeugen einer schrecklichen Szene: Unsere Pissik hatte den Kater an der Kehle gepackt und schlug ihn, hin und her, gegen die Wände, mit heiserem Gebrüll. Sie war zur Löwin geworden. Der Kater versuchte zwar, Pissik mit den Krallen abzuwehren, aber sie schleuderte ihn mit äußerster Schnelligkeit immer wieder gegen die Wand, bis er tot war. Dann erst ließ sie von ihm ab.

Triumphierend schaute sie uns an und bohrte ihre scharfen Krallen in die Kehle des Katers. Danach zog sie sich zurück. Der böse Kater hatte seine gerechte Strafe erhalten.

Von solcher Art sind die Wankatzen.

*

Wahan Tekejan

Ballade vom Pappelhain

Im armenischen Land wuchsen seit je
Mächtige Pappeln, gewaltig und heilig.
In ihren stillen Schatten suchten
Unfähige Dichter Inspiration.

Vom Wind bewegte Zweige
Flüstern: „Bist du es, mein König?"

Tage und Jahre ziehen ins Land.
Vom Feind verfolgt tragen sie
ihren Schwerkranken durch die Ebene, auf die Höhen
und selbst auf die Bergesgipfel,
wo Schnee wie Diamanten glänzt,
während hier die Riesenbäume
noch immer unaufhaltsam flüstern:
„Bist du es, mein König?"

Von schwerem Unheil
ist der Hain betroffen. In Trauer
wiegen sich die Pappeln:
O weh, die Schatten des Erzfeindes,
Häuser und Hütten sind zerstört!
Bis der Hain zur Klage anhebt und
unbeugsame Stimmen flüstern:
„Bist du es, mein König?"

*

Ruben Sardarjan

Der Gampr, ein Wolfshund

Er ist ein riesiger, prachtvoller Gampr, kraftvoll dank des
Klima der Ebenen und der Berge, in denen er aufwuchs.
Er läuft voll Hoheit und bleibt stets gelassen, wenn ihn
die Meute der zwergenhaften, räudigen und schmutzigen
Stadthunde verfolgt. Zu beiden Flanken hängen üppige
Locken, die seine edle Abstammung bekunden, während
der Haarausfall auf seinem Rücken sein Greisenalter und
die dadurch hervorgerufene Unfruchtbarkeit verrät. Die
breite und kräftige Brust mit hervorstehendem Haarkräu-

seln verleiht dem Tier eine außerordentliche Schönheit, in krassem Gegensatz zu der im Dreck und Mist der Straßen geborenen und aufgewachsenen, Mitleid erregendem Meute, die ihn verfolgt und ankläfft. Aber warum kläffen sie ihn an? Das ist die Leidenschaft der Straße, die als Schlamm durch das Pflaster quillt. Das ist die Würdelosigkeit des minderen und erbärmlichen Instinkts, die sich durch diesen unverhältnismäßigen Vergleich herausgefordert fühlt und sich dagegen auflehnt, anrennt und heult. Und noch immer strömen sie aus allen Richtungen herbei, die träge vor den Metzgereien und Bäckereien geschlafen haben, ihre nichtsnutzigen Nachkommen im Gefolge. Und sie rufen auch noch jene Helden zu Hilfe, die sich um den Schlachthof positioniert haben. Die Betagten geben an, mit rauer Stimme drohend, die Jüngeren drohen eingebildet, so lächerlich das auch ist, und die Kleinen, ermutigt durch die Kühnheit der Älteren, stoßen mit ihren kindlich unreifen Stimmen wie immer ziellos und ohne nachzudenken Verwünschungen aus. So laufen sie hechelnd hinter dem Gampr her, der unbeirrt und selbstsicher seines Weges zieht. Es tönt vielstimmig und vielsprachig, es donnert ein lautes Geschrei, doch all das mindert nicht seine Ruhe und Erhabenheit, die die eigentliche Ursache der Wut und Aufregung bilden. Er läuft einfach weiter, selten den Kopf wendend, und hält die allzu Vorwitzigen und Dreisten wirksam mit einer Warnung auf Abstand. Diejenigen, die sich dennoch ein wenig näher trauen und deren Atem er auf seinem gewundenen Schwanz spürt, wirft er mit einem schwachen, durch die Zähne gepresstem Knurren und einem monoton drohenden Knurren in den abscheulichen, schmutzigen Strom seiner Verfolger zurück. Die Meute der arroganten Herrscher der Schutthalden und

Straßen ist erbärmlich und blamabel in ihren gemeinsamen unfähigen Verfolgungen.

Welch edler Hochmut eines Tieres, eines betagten Gampr, der leider schon auf einer Vorderpfote hinkt, was seine stolze Gangart beeinträchtigt. Gleichwohl schadet diese Verletzung nicht seiner körperlichen Würde, sondern hebt seine zweifellose Kraft und sein hochherziges Wesen noch hervor. Aber wie kam es zu dieser Verirrung? Was hat ihn aus den Bergen in die Ebene und dann in die Stadt getrieben? Welch Schicksal hat ihn in diese ihm fremde Umgebung geführt, wo er die Gesellschaft seiner von Krankheiten infizierten, hungrigen Brüder erlebt, und wo er und die von ihm gezeugten Nachkommen im Regen vegetieren, im Schlamm schlafen, ohne an die elende Lebensweise auf der Straße gewöhnt zu sein? Wo er ohne Bereitschaft zur Unterwerfung nicht in der Lage ist, auch nur einen Krümel zu erlangen und vor Hunger sterben müsste. Was also war die Ursache der traurigen Anpassung dieses Tieres, die dem menschlichen Schicksal und den Lebensanforderungen so ähnelt? Wenn er auch selbst nicht seine Lage berichten kann, so verrät uns seine lahmende Pfote die ganze Wahrheit.

Bekannt ist, dass er einer Nomadengemeinde angehörte. Geboren vom Blut kraftvoller Eltern, als Gampr und Nachkomme eines Gamprs, verbrachte er seine Kindheit in den gefahrvollen Bergen. Schon in den ersten Lebenstagen erwachte tief in seiner Seele der Hass auf den Wolf und die Aufopferungsbereitschaft für die Herde. Er erlebte die ewige wilde Rachsucht seiner Mutter während der Verfolgung von Wölfen. Ihr heldenhafter Zorn, Elan und ihre blutigen Kämpfe lehrten ihn die Notwendigkeit, immer wieder alles aufs Spiel zu setzen, um die ihm anvertraute Herde zu schützen, lehrten ihn Treue zu seinem Herrn und Aufopferung bis zum Letzten, falls nötig, blutüberströmt und mit zerfetztem Leib vor den Augen des Hirten und der Schafe im Pferch zu sterben. Die Morgenröte seiner Kindheit begann auf diese Weise. Und dann Wunder über Wunder! Wie glücklich fühlte sich seine amazonenhafte Mutter, wenn sie mit blutiger Schnauze als Siegerin zu ihrem Jungen zurückkehrte. Oder nach jenem großartigem Kampf, als der Junge die Pracht seiner unwiderstehlichen Kraft, die ersten zerfleischenden Schrecken seiner Zähne und den unbezwingbaren Widerstand seiner Muskeln zur Schau stellte. Seine Mutter, den Kopf zufrieden und sorglos auf ihre Tatzen gelegt, schlief nachts beruhigt, weil das raue Bellen ihres Jungen bis in die Täler und Schluchten drang und die Wölfe fernhielt, die sich in ihren Höhlen erschreckten. Die Jahre zogen dahin, voller Aufregungen und prall vom Leben, ohne Schwäche, ohne Ruhe, ohne Furcht. Aber der grausame Herrscher der Zeit, der Satan des Alterns, kam über die Felsen gekrochen, bis hinauf in jene Berge, und fand auch den Gampr.

Das Fell begann ihm auszufallen, die Lockenpracht verlor an Üppigkeit, das Rückenfell öffnete sich in tragischer Weise, und beim letzten Kampf wurde eine seiner Pfoten zerquetscht. Er ahnte, dass in seinem Inneren eine vernichtende Zerstörung eingesetzt hatte. Das lahmende Bein war seiner unbesiegbaren Brust ein Hindernis, behinderte seinen Instinkt, sein Lebensgefühl und seine immer wache Leidenschaft, denn anstatt Bewunderung stellte er nun im Blick des Hirten und in seiner Umgebung Mitleid fest. So nahmen die Umstände einen hoffnungslosen und unangenehmen Verlauf, die sich nicht mehr mit der rebellischen Erhabenheit seiner Seele vertrug. Er beschloss, die Verachtung zu verachten, um sich nicht einer Verlassenheit zu unterwerfen, zu der er niemals fähig war.

Dann stieg er hinkend, mit Anstrengung und Pein, von den Bergen in die Ebene hinab und gelangte in die Stadt, in diese Straßen, wo ihn die Meute der Hündchen aller Farbschattierungen und Gestalt ankläffte und zu verfolgen versuchte, voller Spott für seine Kühnheit und Kraft. Ist denn die Welt dieser kleinmütigen Hunde so begrenzt, dass sie um eines Knochens willen ein derartiges Geschrei erheben? Ist denn in diesen engen und stinkenden Gassen ein Häppchen wirklich so wertvoll, dass man darum sogar mit Katzen konkurrieren muss, von denen sich im Übrigen die großmäulige Hundebrigade, denen er seine Reißzähne unter den gebleckten Lippen zeigt, kaum unterscheidet?

Unwissende Meute, seid doch wenigstens einmal kritisch gegenüber eurem engen Umfeld und zeigt die Bereitschaft zum Traum von etwas Höherem als eurer kriecherischen Gewöhnlichkeit! Versucht doch den Horizont eines Gamprs zu verstehen, damit das Licht seines Großmuts und seiner Ehrlichkeit euch die Augen öffnen und ihr die Tiefe eurer Niedertracht, die Armseligkeit eures Mitleids erkennt? Wen verfolgt ihr und was ist der Grund eures wütenden Gebells? Fällt es so schwer, die prachtvolle Gestalt eines Gampr in ihrer ganzen erhabenen Vollkommenheit zu erschauen?

*

Er läuft stets ruhig, ohne Eile, ohne Furcht, selbstsicher, mit Verachtung gegenüber der Hundemeute, und lässt deren ohrenbetäubendes Geschrei, die ungeheuerlichen Angebereien und Drohungen hinter sich. Das Tribunal der Gasse, das ist die Straßenphilosophie hungriger Hunde, vernachlässigter Junghunde und nach blinder Welpen. Das ist mithin die gesamte, noch zu mobilisierende Stadt. Lauf erhaben, mit erhobenem Haupt, du, der Gampr! Entfern dich von dieser mittelmäßigen Dreistigkeit, die sich nicht schämt, den Edelmut anzukläffen und gegen die Würde anheult. Sie will dich von diesen Orten vertreiben, sie wedeln unverschämt vor Passanten und sind bereit, sich wegen eines Knochens derart zu erniedrigen.

Lauf, damit dein Weg sein Ende findet! Denn du bist an einen falschen Ort geraten und befindest dich in falscher Umgebung. Kehr zurück in die Einsamkeit der Ebene, zu den unbeschränkten Bergen! Fürchte nicht die Unruhe und Stürme, die in den Höhen herrschen! Es ist besser, zu verhungern, als Männchen zu machen, bis zur Brust in den Schlamm einzutauchen und einen habgierigen Städter um ein Stück Brot zu bitten! Viel besser ist es, im ungleichen Kampf mit einem jungen Wolf an zahlreichen Wunden zu sterben, als in der Todesstunde erniedrigt die dir gegebene Lebensfrist an einer Straßenecke zu beenden.

*

Jerische Tscharenz

Auszug aus dem *Gesangbuch*

Den Sonnengeschmack in der Sprache meines süßen
Armeniens liebe ich,
die klagende, schluchzende Saite unseres alten Sas liebe
ich,
das lodernde Aroma blutroter Rosen
und der Nairimädchen schlichten Tanzschritt liebe ich.

Ich liebe unseres Himmels Blau, die klaren Wasser, den hellen See,
die Sommersonne und im Sturmgebrüll den Winterschnee,
die schwarzen Mauern ins Dunkel geduckter unwirscher Hütten
und der uralten Städte tausendjähriges Gestein liebe ich.

Wo ich auch bin, vergesse ich nicht den Klagelaut unserer Lieder,
vergesse nicht die Gebet gewordene Eisenschrift[1] unserer Bücher.
Und brennt mir auch scharf das verblutende Herz von unseren Wunden -
mein verwaistes und kummervolles Armenien liebe ich immerdar.

Für mein sehnsuchtsvolles Herz gibt es einen andren Traum auf Erden nicht,
gibt es einen dem Narekazi[2], dem Kutschak[3] gleichen Verstand auf Erden nicht,
gibt es ein ehrwürdiges Schneehaupt als das des Ararat auf Erden nicht.
Die Höhe meines Massis wie den Weg zum unerreichbaren Ruhm liebe ich.

(1920)

---

1 Eisenschrift (Jerkatagir) ist die älteste Fassung des armenischen Alphabets; es handelt sich um eine Majuskelschrift.

2 Grigor von Narek (Narekazi; * 950, †1003) war ein armenischer Mönch, Mystiker und Schriftsteller aus dem Königreich Waspurakan.

3 Nahapet Kutschak (gest. 1572) war einer der ersten und namhaftesten armenischen Barden (aschurner) bzw. Volkssänger.

Allpoem

Beginn

Ich – Dichter aus Armenien –
dem Land, wo Dunkel herrscht und Tod,
singe mein Lied
für alle, für alle, für alle
erneut
jetzt.

Aber warum soll nur ich allein,
ich nur singen und von denen keiner,
deren Frist im Wind zerstob,
als sie die Vergangenheit bestürmten?

Jener, die an staubig-heißen,
wie an nebelklammen Tagen
in dem Staube dieser Erde
sich abschinden, arbeiten und kämpfen,

die am Antlitz dieser Welt
wie ihr Schweiß herabgeflossen,
die der Wind hinwegfegt und verweht,
die er durcheinander wirbelt.

Und habt ihr denn nicht gewusst,
dass der namenlose Tagelöhner,
während er das Eisen schmiedet,
in seinem starken Eisenodem
tausendfach Poeme trägt?

Wisst ihr es nicht,
vernehmt es nun!

Weit sperrt eure Ohren auf:
Andere Genies als jene
hat die Welt niemals gekannt!

Und ihr wisst nicht, was sie sangen,
von ihren Werken wisst ihr nichts?
Nichts von ihren stählernen Gesängen,
nichts von ihrer Glut und ihrem Feuer?

Sie sangen,
und ihr Lied
stand kolossal und fest,
unberührt von der Jahrhunderte Furcht.
Ihr Lied:
     „ D i e   W e l t –
     her damit!"

Die Welt –
alle Städte,
Wege, staubbedeckte Straßen,
auch die letzte Hinterhoflatrine
und der ganzen Erde Früchte.

Ihr vielstimmigen Lieder
und Wunder,
Märchen,
Verzückung!
„Sei gegrüßt, tausendfach begabter Genosse
in der Grube,
im Schacht,
in der Backstube!"

Jawohl!
Warum also ich allein?

Alle sollen singen, alle!
Für alle, für alle, für alle
sollen sie singen.

Warum soll nur er allein,
ein Poros aus Nairi, singen?
Und Iwan, Jussuf, Tschung-Fu,
die sich schon so lange kennen?

Wisst ihr nicht,
dass sich jetzt ein jeglicher Chun-Jun
aus Tibet ins Flugzeug setzen kann,
um nach Rascht, Tiflis oder Petrograd zu fliegen?
Doch ist es euch lieber, so kann auch Hago
Einem Herbstblatt ähnlich fliegen –
aus Tiflis nach Marseille und Kairo,
nach Jerewan, Peking oder Chicago.

Denn seit langem gleicht diese Erde
einer kleinen, schmalen Gasse.
Aus dem gelben Peking reicht
Ein Tschung-Fu die Hände
bis nach Nork in Jerewan:
„Guten Morgen, Tagelöhner Poros!"

Also warum er allein –
Alle Völker sollen singen, alle!
Soll der ganze Erdball singen
      tönen
      klingen
      klingen...
(...)

Jerewan-Moskau 1920-21 (übersetzt nach der Fassung von 1927)

*

Silwa Kaputikjan

Vermächtnis an meinen Sohn

In diesem Frühling, bei dieser Blumenpracht,
mit diesen Vöglein und diesem kleinen Bach,
mit diesem Lied und diesem Erwachen
begann die Sprache meines Kindchens.
Es lallte sein erstes kostbares Wort
aus Hajks geheiligter Sprache.
Gleich einer Hostie
stießen die Lippen es hervor.
Vernimm nun, mein Sohn, als mein Vermächtnis
die Worte der Mutter aus tiefstem Herzen!
Von heut an vermache ich Dir
den Schatz der armenischen Sprache,
die wie ein Komet den Himmel
der Zeit durchmisst,
stürmisch brausend, wie Hajks Pfeilflug,
erfüllt von Mesrops heiligem Genius
wurde sie Schrift und Pergament,
Hoffnung und Banner
und Stütze auf unserem Weg.
In dieser Sprache offenbarten
armenische Flüchtlinge ihre Herzenswunde,
in dieser Sprache donnern die Kampflieder meines Vol-
kes.
In dieser Sprache wiegte mich einst
die Mutter in meiner Wiege.
Nun ist es an dir, das uralte Rauschen zu vernehmen.
Öffne die Lippen, sprich, meine Seele,
trällere fleißig, mein innig Geliebter,
damit sich auf deinen Kinderlippen
unserer Sprache Greisentum verjüngt.

Bewahre sie erhaben und rein
wie den heiligen Schnee des Ararat,
bewahre sie im Herzen
wie der Ahnen Reliquien.
Schütze sie vor dem Schlag
des Feindes grausamer Pranken
wie Du die Mutter schützen würdest
wenn ein Schwert gegen sie gezogen wird!
Denn sieh, mein Kind, wo du auch bist,
wohin du auch gehst in dieser Welt,
und wenn du gar die Mutter selbst vergisst,
der Mutter Sprache aber wirst du nie vergessen.

*

Muscher Ischchan

Armenisch

Die Heimat der Armenier ist ihre Sprache.
An allen vier Enden der Welt sind Armenier in ihr da-
heim.
Wo immer ein Armenier sich als Hausherr in ihr nieder-
lässt,
verleiht sie ihm Liebe und Vertrautheit, Freude und Stolz.

Er bleibt geschützt vor kaltem Wind und Schneesturm.
Denn viele Jahrhunderte lang verliehen ihr
geniale Baumeister Schönheit und Pracht.
Wie viele Ackersleute plagten sich Tag und Nacht,
die jetzt im Dunkel der Vergessenheit begraben liegen.

Ewig blühend und jung, doch bewährt seit Jahrhunderten
strahlen hell ihre Lichter und ihr Feuer.

Ihre Wohltaten sind unerschöpflich,
ein voller und reicher Vorratskeller.

Dort ist es, wo jeder Armenier den Geist wiederfindet,
den der Pöbel verlor.
Selbst in finsterster Zukunft
sind ihre Vergangenheit und Gegenwart unendlich.

*

Geworg Emin

Wir

1.

Doch was waren wir
und was unser Land?
Wir saßen krumm, doch sprachen aufrecht.
Ein Schiff, gestrandet auf trockenem Fels.
Wir waren ein Kelch, mit Tränen gefüllt.
Wir waren die Erde, versteinert vor Angst.
Wir waren Gestein, brüllend vor Schmerz,
Eine machtvolle Seele, doch körperlos,
ein unikater Solitär ohne Plural.
Ein tapferer Heerführer ohne Soldaten,
ergeben dem Kult von Ruinen und Altem.

Doch was waren wir
und was unser Land,
dass wir, wenn auch aufrecht sitzend,
Krummes sprachen?
Reisende in der eigenen Heimat?
Gäste im eigenen Haus?
Ein Fluss, bloß an einem Ufer unser?
Ein Berg, den man nur aus der Ferne sieht?

Ein volkloses Land,
ein landloses Volk?

Ein zerrissenes Amulett,
dessen Glieder sich nicht zum Volk reihen.

2.

Wir sind halb taub,
vernehmen aber jeden neuen Laut,
ohne ihm folgen zu können.
In unseren Ohren tost noch
Armeniens wirre Geschichte,
auf der Suche zum Wort zu werden.

Wir sind halb gelähmt.
Wohin wir den Fuß auch setzen,
ob in die Wüste Syriens,
auf einen Pariser Boulevard,
an das Ufer des Nils,
steckt unser zweites Bein
im Bergschnee des Ararat.
Wir bewegen uns nicht.
Erreichen kein Ziel.
Ausweglos ziehen wir nur
die Route unserer Verbannung,
ständig den Massis umkreisend.

Wir sind halb blind.
Unsere Augen schwimmen in Tränen.
Wir sehen nur trübe,
ungenau.
Nur mit einer Hand bauten wir.
Mit der anderen mussten wir die Waffe halten.
Denn ohne Unterlass
tobten auf unserer Erde Kriege.

Wir sind halbstumm.
Wie oft schnitt man uns
die Zunge heraus,
damit wir unsere Gedanken nicht sagen?
Damit wir uns nicht freuen,
nicht selbstbewusst sind
und nicht unsere zahllosen Opfer beklagen?

Wie König Ara verlieben wir uns.
Von Liebe betört,
verlassen wir unser Land
und fürchten uns doch
vor einer neuen Schamiram.

Nur mit halbem Hirn
begreifen wir die Welt.
Die andere Hälfte ist getrübt
durch Verdammnis,
durch Schmerzen.
Wir sind Hälften,
halb sind wir nur.

Wären wir mehr als Hälften
wären wir Armenier.
Nicht bloß Türkei-Armenier,
Arabien-Armenier,
Frankreich-Armenier.

Hälften sind wir,
getrennt,
gespalten,
doppelhäuptig,
wie unser Sinnbild, der heilige Berg.

3.

Ja, wir sind klein.
Klein.
Doch wie der Fels, der aus dem Gipfel drängt
und kräftig wie ein Feldstein ist.
Klein wie unsere Bergbäche,
die wilde Kraft gesammelt haben,
um fremde Ströme aufzufüllen,
die träge durch die Ebenen ziehen.

Ja, wir sind klein.
Wer befahl euch,
uns so zu pressen,
dass wir Diamanten wurden?

Wer zwang euch,
uns wie Sterne zu verstreuen?
Wo immer ihr uns seht,
wird unser Licht erstrahlen.

Wir sind klein,
gleich unserem Land.
Dessen Grenze reicht
von Bjurakan bis zum Mond,
von Lussawan bis Urartu.

Klein,
wie das wundersame Uran,
das unauslöschlich
funkelt und strahlt,
jahrhundertelang.

*

Wahagn Dawtjan

„O gib mir meine blühende Heimat..."

„Nehmt Artabas die Ketten ab
und entfernt euch alle!"

Kleopatra schwebte auf dem Teppich dahin,
als glitte ein Schwan vorüber.
Kleopatras Lippen formten Worte,
die klingen wie Harfensaiten:

„König Armeniens, du stolzer Herrscher,
wie viele Könige sah ich vor mir knien.
Mich dürstet nach deinem männlichen Stolz.
Verlange mit deinem männlichen Stolz
den Wunsch deines Herzens!"

„Kleopatra, der Schönheit der Gestalt
füge die Schönheit deiner Seele bei
und gib mir meine blühende Heimat!"

Die Königin fuhr stolz zurück
und schritt von Wand zu Wand.
Wie Wellen wogte ihr feines Gewand,
gab frei der Schenkel seidigen Glanz.
Dann, unter dem Leuchter, blieb sie stehn,
hob an und sprach:

„O Artabas, sieh mich doch an!"

Da schaute der König mit steinernem Blick,
wie das Gewand der Königin
zu Boden glitt, und fast nackt
stand dort die Frau vor ihm...

Bezaubernd,
bezaubernd ihrer Hüften Rund,
das mit des Rückens Wölbung sich ergänzt,
fest spannt ihr feines Tuch die Brüste
und scheint im Licht fast gleißend zu zerreißen.
Anmutig sind auch Hals und Schultern,
die Lippen feucht und zitternd,
erregt die Nasenflügel beben:

„König Armeniens, du stolzer König,
verlange mit deinem männlichen Stolz
den Wunsch deines Herzens!"

„Kleopatra, der Schönheit der Gestalt
füge die Schönheit deiner Seele bei
und gib mir meine blühende Heimat!"

„König Armeniens, du stolzer König,
ein Lied klingt von draußen herein,
vernimm doch die Worte, hör wie es singt!"

Und durch die nächtliche Stille
klang ein Lied den Nil herab:

„Türe der König Kleopatra,
wärst du nur eine Nacht geöffnet,
opferte ich dir dafür
hunderttausend wilde Stiere;
Doch für eine Nacht mit der Königin
kenne ich nur ein einziges Opfer:
Meinen Hals legte ich dem Henker hin..."

Kleopatra blieb unter dem Leuchter stehn,
hob an und sprach:

„O Artabas, sieh mich doch an!"

Da schaute er wieder mit steinernem Blick,
wie der Königin schimmerndes Brusttuch
auffunkelnd zerriss, und es erbebte
ihrer Brüste Paar... Erbebte,
wie nur je zwei Brüste erbebten.
Die Frau stand nackt,
bezaubernd!
Bezaubernd, wie nur eine Frau,
unwiderstehlich, wie nur eine Frau
stand sie entblößt,
stand sie ergeben...
die Frau - des Blutes Sturm,
die Frau - des Blutes Leidenschaft,
die Frau - des Blutes Begierde
und Entzücken.

Und wieder sprach die Königin,
und ihre Stimme klang dabei,
als sei die Saite überspannt:

„König Armeniens, du stolzer König,
verlange mit deinem männlichen Stolz
den Wunsch deines Herzens!"

„Gib mir meine blühende Heimat!"

Kleopatra warf über sich
ihr wehendes Gewand.
Zorn beherrschte ihre Augen,
dunkle Falten ihre Stirn
und ein Entschluss die blassen Lippen.

Stolz stand Kleopatra und unbeirrt,
als sie rief:
„Den Henker!"

(...)

*

Ljudwig Durjan

Der Berg

Wenn es Mitternacht wird, tritt aus dem Haus
und blick hinüber auf den Berg...
Du wirst merken: Er ist noch dunkler als die Nacht,
näher als sie.
Fürchte dich nicht! Schau, richte deinen Blick auf ihn!
Schau, bis dir deine Augen brennen.
Dann schließ sie, mach sie wieder zu!
Und lass das Bild in deiner Seele wirken.
Dann wird der Berg, dunkler als die Nacht,
sein Abbild in dir lassen,
erhellt vom Licht des Schnees.
Jetzt fühlst du es in der Finsternis
deiner geschlossenen Augen
und freust dich eines neuen Lichts von innen...
Du bist in seinem Bann
und möchtest deine Augen nie mehr öffnen.
Wenn es Mitternacht wird, tritt aus dem Haus.
Und blick hinüber auf den Berg...

1973

*

Geworg Dewrikjan

Der Maulbeerbaum

Alle Bäume sind gut und schön, aber unsere Maulbeerbäume, die an der Grenze des Hofes zum Garten, sind doch von allen die würdevollsten. Unter dem größten hatten wir einen Tisch und Bänke gezimmert und verbrachten nun den Sommer fast immer dort. Und dort stellten sich gern auch unsere Gäste ein, denn es war sowohl kühl, als auch angenehm.

Wir besaßen noch andere Bäume, die zwar nicht gerade klein geraten waren, aber doch nicht so hoch wie der größte Baum. Es gab früh und spät reifende Maulbeeren. Außerdem besaßen wir einen Baum, dessen Früchte fingergroß und ungewöhnlich süß waren. Ein anderer trug schwarze Maulbeeren. Mein Vater hatte diesen jetzt hohen Baum pfropfen lassen. Wir nannten seine Beeren Misch-Maulbeeren. Die Früchte besaßen Heilkraft und ließen sich auch zu einer guten Marmelade verarbeiten. Allerdings war das Pflücken an diesem Baum äußerst mühselig. Überdies musste man die Stiele seiner Beeren mit der Schere abschneiden, so hart waren sie. Das war freilich die Lieblingsbeschäftigung meines Vaters, und sie verlangte Geduld. Mein Vater liebte überhaupt die Maulbeeren sehr. Diese Vorliebe rührte aus seiner Kindheit. Denn Vaters Geburtsstadt Akn[4] war berühmt für ihre Maulbeerbäume.

Die Maulbeerbäume waren unser ganzer Stolz und bildeten das Lieblingsobst unserer Freunde. Sonntags kamen viele zusammen, um die Beeren zu kosten. Die Tage zuvor schüttelten wir keine Maulbeeren, sondern warte-

---

4 in Westarmenien; türk. Eğin

ten eigens auf unsere Freunde.

Üblicherweise schüttelt man die Maulbeeren mit einem Schlegel. Das heißt, man schlägt damit auf die Äste. Und unten halten alle ein großes Tuch aufgespannt, in das die Beeren fallen. Aber wir hatten bis zuletzt keinen Schlegel verwendet. Derjenige, der die Äste rüttelte, war ich selbst. Ich kannte jeden Ast, da ich mich seit meiner Kindheit oft auf den Maulbeerbäumen aufhielt. Ich liebte es, dort oben zu sitzen und Bücher zu lesen. Da ich derjenige war, der die Maulbeeren schüttelte und die Äste gut kannte, kam mir der Baum wie ein sehr vertrautes Lebewesen vor. Und ich empfand es als große Sünde, mit einem Schlegel auf die Äste einzuschlagen, die Rinde zu verletzen und den Baum zu kränken. Davon bekam die Rinde hässliche Falten, es blieben Narben zurück. Ich zog es vor, die Nachbaräste ebenfalls zu rütteln. Dadurch fiel zwar ein Teil der Beeren zu Boden, aber die Äste wurden nicht durch den Schlegel verletzt. Darum also rüttelte ich die Äste mit den Händen bzw. durch Faustschläge auf die Äste. Solcherart rüttelte ich sämtliche Äste.

Die Maulbeeren schüttelten wir dann auf ein großes Tablett mitten auf dem Tisch, um das wir uns alle versammelten, jeder mit einem Teller vor sich. Aber ich, der doch stundenlang auf den Bäumen saß oder alle paar Tage einmal die Äste rüttelte, rührte keine einzige Beere an. Bis heute kann ich nicht den Grund dafür erklären.

Mein großes Vergnügen war es eben, bloß die Äste der Bäume zu rütteln. Was für ein prächtiger Baum war doch der mächtige Maulbeerbaum! Im Laufe der Jahre, in meiner Erinnerung, wuchs er mir immer mehr ans Herz. Denn kein anderer Baum verbindet mich so sehr mit meiner Kindheit und meinen Jugenderinnerungen. Und die

Lieblingsmaulbeeren meiner Mutter stammten ebenfalls von diesem Baum. Wie richtig und wunderbar hat doch der Dichter Tscharenz geschrieben: „Nun sitze ich hier vor dem Haus. / Der Maulbeerbaum wirft grüne Schatten/ auf dein Gesicht, o Mutter lieb und wert. / In Gedanken trüb versunken, wiegt der Maulbeerbaum / deine grenzenlose Trauer, o Mutter lieb und wert./ Und Tränen bitter-salzig fallen nun / auf deine alten Hände, o Mutter lieb und wert!"

Wie treffend schreiben die großen Dichter. Es kommt einem vor, als habe man selbst diese Zeilen verfasst. Und je mehr Zeit vergeht, desto mehr erschließt sich mir der Sinn dieses Gedichts, obwohl ich es bereits in jungen Jahren liebte. Doch jetzt noch viel mehr. Vielleicht schreibt man so nur über die Mutter.

*

Eduard Militonjan

Park

Die Alten spielen Karten.
Das Orchester spielt auf.

In morschen Adern
erwachen ferne Länder.
Die Alten fliegen zurück
und lassen sich dort nieder,
wo Erde ist und Wasser,
wo Bäume wachsen und Steine
und sie ihre Toten begraben können.

Sie knien nieder,
sie küssen die Erde
und schauen ihr Innerstes.

Die Alten erklommen die Berge
und rannen als Tränen zu Tal
und stiegen als Dunst zum Himmel.

*

Howhannes Grigorjan

Armenien

Dies ist mein Land. Es ist so klein,
dass ich es mühelos
mit mir trage.
Klein wie ein Neugeborenes,
wie eine alte Mutter klein.
Auf der Landkarte
Bedecke ich es mit einem Kuss.
Dies ist mein Land. Es ist so klein,
dass es in mein Herz passt.
Dort wird es immer bei mir sein.

*

Warand

Schade

Könnte ich meiner Heimat Garten gießen,
Von der heiligen Quelle Wasser holen,
Am Abend erschöpft meine Hütte genießen,
Um das Licht und das Leben mit Versen zu preisen …

Ich mochte den Schoss der Mutter mehr ...

Erzählung eines Arzacher Jungen

Nach dem Kampf um das Vaterland
Kehrte der Vater aus dem grausamen Krieg heim ...
    Ich mochte den Schoss der Mutter mehr,
    denn mein Vater war mir fremd,
    Sein Arme besaßen nicht
    ihre Glut und Wärme.
Jahre vergingen.
Ich wuchs heran,
zum jungen Mann,
Mein Vater zum Großvater,
    bucklig und grau ...
    Dann hörte ich von meiner Mutter
    seine Schultern seien zusammengeflickt,
    seine Arme im Krieg verbrannt ...
Das traf mich wie ein Donnerschlag.
    Blind war ich geboren,
    ohne zu sehen...

*

Ruben Hachwerdjan

Die Hunde

Ich weiß, wer ihre Herrchen sind,
ich kenne die Hand, die sie füttert.

Obwohl ihre Herren wohlgenährt sind,
rasen vor Hunger die Hunde.
Sie kläffen nicht bloß so zum Spaß,
sondern weil sich ihr Fressen verzögert.

Ihr Herren, füttert die Hunde geschwind,
damit sie uns nicht noch verschlingen!
Genießt euer Mahl, doch bringt mit dem Rest
die Hunde endlich zum Schweigen!
Sonst kommt die Angst, in der Mitte der Nacht,
wenn die Hunde vor Hunger rasen!
Schließt eure Türen fester,
überlasst den Dichtern die Straße
und allen, die auf Herren pfeifen
und ihre dressierten Köter!

1980

Alter Freund

Unsere alten Tage ziehen davon.
Jetzt nahen andere Zeiten.
Wo kam mir mein Vertrauter abhanden,
mein Freund, wo hab ich dich verloren?

Alter Freund, teurer Freund,
wo hab ich dich verloren?
Alter Freund, teurer Freund,
ich kann dich nirgends finden.

Welcher Magier hat dich verhext?
In welcher Falle liegst du gefangen?
Alter Freund, mein teurer Freund,
ich werde dich wiederfinden.

Vorbei sind die grauen Tage.
Es nahen glanzvolle Zeiten.
Die alten Herren sind offenbar weg.
Auf ihren Plätzen sitzen nun neue.

Noch geben sie sich der Orgie hin.
Noch sind sie ungesättigt.
Die alten Herren sind bass erstaunt
über die Gier der neuen.

Alter Freund, teurer Freund,
bist du denn unverändert?
Bist mager du jetzt oder feist,
hast du gar zugenommen?

Alter Freund, lieber Freund,
du hast noch keinen Posten?
Haben dich nicht, mein guter Freund,
die neuen Herren gekauft?

Die Welt bleibt sich doch immer gleich.
Müßig, sie ändern zu wollen.
Bloß ausgetauscht scheinen die Herren.
Die neuen spielen alte Rollen.

Unsere strengen neuen Herren
Versuchen uns zu erschrecken.
Wir fluchten ihrer Mütter Geburt.
Längst ist uns der Tod vertraut.

Alter Freund, mein lieber Freund,
hast du dich nicht geändert?
Mit wem teilst du dein Leben jetzt?
Mit wem bist du nun befreundet?

Die neuen Zeiten drücken hart
wie Handschellen aus Eisen.
Den Gürtel schnallen wir
ins letzte Loch,
um durchzuhalten und zu erstarken.

Unsere stumpfen Gesichter
gleichen grauen Porträts.
Doch wir tragen die Last mit Verständnis.
Weil nicht zu leiden wir unfähig sind.

Alter Freund, mein teurer Freund.
Hast du deine Farbe gewechselt?
Haben auch dich, mein trefflicher Freund,
die neuen Herren gefressen?

1994

Freiheitskampf und Vergeltung: „Ich war, ich bin, ich werde ewig sein..."

Nach den Massakern der Jahre 1894-96 beschworen zahlreiche armenische Dichter den Freiheitskampf und die Vergeltung. Dass sie dies zugleich aus dem Gefühl der Ohnmacht taten, zeigt das populäre Motiv des Heldentods im aussichtslosen, ungleichen Kampf: M. Peschuktaschljans Gedicht *Beerdigung des tapferen Sohnes von Sejtun*, Siamantos *Singend will ich sterben* und Awetik Issahakjans *Unter Anis Mauern* handeln davon. Die beiden letztgenannten Autoren waren schon zu Lebzeiten einer breiten Leserschaft bekannt. Siamantos an die armenische Jugend gerichtete Programmgedichte in seinem 1902 veröffentlichten ersten Gedichtband *Nach Art der Recken* wurzeln in der armenischen Spätromantik. In ihrem Geist beschwört der Dichter Visionen künftiger Erhebungen herauf, gefolgt vom Anbruch ewigen Friedens.

Es gab nicht minder prominente Gegenstimmen: Howhannes Tumanjan, der sich selbstbewusst als „Dichter aller Armenier" bezeichnete, verfasste 1909 im düsteren Staatsgefängnis von Tiflis sein Verspoem *Ein Tropfen Honig*, das auf der gleichnamigen Fabel des hochmittelalterlichen Mönchs Wardan Ajekzi (Ende 12. Jh.-1250) aus dessen Sammlung *Fuchsbuch* beruht. Ajgekzi wiederum schöpfte das Motiv aus den antiken Fabeln des Äsop (6. Jh. v. Chr.) und der Naturlehre des Physiologus (2. Jh.). Die pazifistische Aussage der Fabel lautet: nichtige Ursache, schreckliche, eskalierende Wirkung. Erst stehen sich zwei Dörfer, dann zwei Reiche kämpfend gegenüber, bis beide

Länder entvölkert sind.

Tumanjans Poem vorausgegangen war 1905 der erste „Armenisch-Tatarische Krieg": bewaffnete Auseinandersetzungen zwischen Armeniern und Aserbaidschanern, bei denen sich die zaristische Polizei und das Militär meist auf die Seite der „Tataren" stellte, wie man im Russischen noch bis in die 1930er Jahre turksprachige Muslime offiziell nannte. Die Zahl der armenischen Opfer lag wegen dieser offenen oder versteckten Parteiergreifung der Behörden weit höher, doch Tumanjan beklagt beide Konfliktparteien als Opfer sinnloser Gewalt. Wegen seiner politisch unerwünschten Schlichtungsversuche im Konflikt zwischen Armeniern und Aserbaidschanern geriet er 1908-9 sowie 1911-12 in Haft.

Drei Wesensmerkmale begründen Tumanjans Rang als Dichterfürst: die Volkstümlichkeit seiner Themen, die tiefe Eindringlichkeit seines vordergründig schlichten, jedoch formvollendeten lyrischen Personalstils und die weit über die von Völkerhass und Staatsgewalt gekennzeichnete Lebenszeit Tumanjans hinausreichende humanistische Botschaft seines Werks. Wer die Gewalteskalation im Karabach-Konflikt verfolgt hat, versteht sofort, welche Bedeutung Tumanjans Werk auch im 21. Jahrhundert noch besitzt.

Auch der Kinderbuchautor Atabek Chnkojan, ein Landsmann Tumanjans aus der Region Lori, ließ sich von Äsops Fabel *Wer legt der Katze die Schelle an?* zu seinem „Kongress der Mäuse" inspirieren und verspottet darin das Maulheldentum.

Für den 19jährigen Jerische Tscharenz verkörperte der Hunnenführer Attila als historische Schreckgestalt die ewige Rache und bildete die Erwiderung des Dichters auf seine Ohnmacht als Augenzeuge der Vernichtung seiner Landsleute in der osmanischen Provinz Wan. Wahan Tekejans Gedicht *Du wirst fallen* richtet sich an das Osmanische Reich und beschreibt eine „Rache" der höheren Art: Während das Osmanische Reich zerfällt, wird Armenien auferstehen und erblühen.

Mkrtitsch Peschiktaschljan

Die Beerdigung des tapferen Sohnes von Sejtun

Weder eine Posaune, noch das Echo
trugen die böse Kunde von Berg zu Berg.
Wir sangen auch keine Klagelieder,
als wir dem Jüngling sein dunkles Grab gruben.

Stumme Schatten der Nacht umringten uns,
als wir mit Gewehrschäften sein Grab aushuben.
Einzig der Mond schien über uns.
Trauer lag auf der Ebene, den Bergen, dem Himmel.

Kein Sarg war vonnöten und kein weißes Linnen,
um Sejtuns Sohn der Freiheit einzuhüllen.
Es schien als ruhe er nur, vom Kampf erschöpft.
Sein roter Mantel war ihm genug.

Leise und kurz, nur ein Vaterunser
sprach unser Pfarrer, ein Streiter für Gott und die Armenier,
Er pries des Toten Mut und segnete seinen Tod,
Seufzer und Klagen ließ er nicht zu.

Als wir sein Haupt auf das Kissen aus Erde senkten,
und die Wunden auf seiner edlen Stirn erblickten,
sprachen wir alle: „O Jüngling, gestorben bist du
für die Heimat. Lang wirst du leben!

Geh und künde den Nachkommen Hajks,
dass es noch freie und tapfere Armenier gibt.
Obwohl sie die Wunden vieler Kämpfe tragen,
stehen sie im Sturm wie ein Fels."

Da blies plötzlich ein Sturm wie kalter Odem,
eine dunkle Wolke verbarg den Mondstrahl.
Geistern gleich zogen unsere Berge vorbei und
Schauten verdutzt mit schwarz erhobenen Gipfeln.

Danach bedeckten wir ihn mit kalter Erde
und pflanzten auf Geheiß seiner Mutter das Kreuz.
Doch ohne Inschrift, ohne Grabstein
ließen wir ihn mit seinem Ruhm allein.

*

Siamanto

Singend will ich sterben

Im Behagen meiner Hoffnung
blieb ich an jenem Abend allein
und maß mit der Waagschale
der Rettung und des Leids
das Schicksal der Heimat,
als zu nächtlicher Schreckensstunde
man machtvoll an die Türe
meines einsamen Hauses schlug.

Ein Freund trat lächelnd ein:
Stattlich schön, brüderlich, doch Furcht erregend.
Jung war er noch. Den Himmelssternen
entsprang das Feuer seiner Augen.
Seine Statur besaß Marmorstärke.
Auf seiner Stirn hatte die Geschichte
des menschlichen Strebens nach Gerechtigkeit
Spuren des Leids gezogen
und Blumen der Herzensgüte wachsen lassen.

Eng beieinander,
besprachen wir das Los der Heimat.
Sein nachdenkliches Haupt
glich dem traurig-blutigen Herzen eines Heroen.
Den nachdenklichen Blick auf mich gerichtet,
suchte er nach einem Omen über das Schicksal der Heimat.
Unser betrübtes Lächeln strahlte sanft in unsere Seelen
aus.

Für Stunden blieb er stumm, ich ebenso.
Seufzer der Erinnerung netzten unsere Augen.
Der blaue Schein meiner Tischlampe
strömte wie destilliertes Blut nach unten.
Ich erblasste, wie ein bei Tagesanbruch entschwindender
Traum.
Er aber, heldenhaft und stolz,
ergriff meine Hand, erhob sich und sprach:

„Dieser Abend gilt meiner Beichte
und dem Abschied, mein Freund!
Mein gesatteltes Ross wiehert vor deiner Tür,
fiebernd vor Leben und Kampfeslust...
Und schau, mein blankes Schwert an meinem Gürtel

ist so nackt wie übermenschliche Entscheidungen.
Nähere deine Stirn meinen Lippen,
denn dies ist der Abend meiner Beichte
und meines Abschieds, mein Freund!

Du aber besing auf blankem Papier
die Kraft und das Leiden des Volkes,
zur Erinnerung an unser vergangenes Leid,
künftigen Generationen geschenkt!
Eine Waise bin ich und ein Rebell.
Ich ziehe aus, meine Verlorenen zu suchen.
Schenk mir ein Lied von deinen Liedern,
denn ich will singend sterben!"

*

Howhannes Tumanjan

Ein Tropfen Honig

Ein Bauer machte einen Laden auf,
bot an alles Mögliche zum Verkauf.
Und sieh, eines Tages vom Dorf nebenan,
den Stock in der Hand, den Hund im Gespann,
kommt ein armer Hirte herein:
„He Freund!" ruft er, „gegrüßt sollst du sein!
Hast du Honig im Laden?"
„Gewiss, gewiss, was du brauchst, sollst du haben!
Gib, Bruder Hirte, dein Gefäß,
nimm von dem besten, dank Gott und iss!"
So fließen noch süßer als Honig die Reden,
so ehrlich, so freundlich wie selten im Leben.
Als man den Honig auf die Waage stellt,
ein Tropfen davon zu Boden fällt.

„Dz, dzz", eine Fliege mit hungrigem Magen
kommt, sich an jenem Tropfen zu laben.
Doch als des Ladenbesitzers Katze
die Fliege erspäht von verstecktem Platze,
springt sie dazwischen,
das Tier zu erwischen...
Aber kaum hat die Katze den Sprung getan,
fängt der Hund des Hirten zu bellen an.
„Wau, wau", macht er,
springt hinterher,
in einem Satze,
dass der armen Katze
durch sein Riesengewicht
das Rückgrat bricht.
„Erwürgt, ermordet mein wertvolles Tier!
Wart nur, du Hund, ich geb' es dir!"
ruft der Händler wutentbrannt
und nimmt einen schweren Knüppel zur Hand,
schlägt auf den Hund ein, immer wieder,
und streckt ihn neben der Katze nieder.
„Weh, mein Löwe ist von mir gegangen!
Was soll ich mit Herde und Haus anfangen?
Wäre ich niemals hierhergekommen,
mein tapferer Hund wäre mir nicht genommen...
He, Kaufmann, du elendes Biest,
so streitsüchtig, unverschämt und mies!
Erschlagen hast du mein liebes Tier!
Hier, steck das ein und krepier...",
sagt er, und sein Hirtenstab
fährt auf den Schädel des Mannes herab;
dessen Hirn, in zwei Hälften zerschlagen,
fällt auf die Schwelle der Tür zum Laden.

„He, zu Hilfe! - Mörder im Ort!"

fliegt nun eilig die Kunde fort,
von Mund zu Mund, von Haus zu Haus:
„He, zu Hilfe! - Lasst sie nicht raus!"

Herunter, herauf von allen Plätzen,
von den Straßen und ihren Arbeitsstätten
schreiend und rufend,
lauthals fluchend -
Vater und Mutter
mit Onkeln und Tanten,
Frauen und Männer
mit allen Verwandten:
die Schwiegermutter,
der Schwiegervater,
Schwager und Freund
und selbst der Pater...
Wer hört nicht noch der Kunde Schrei,
lässt alles liegen und eilt herbei?
Und wer sich beim Laufen zu nahe wagt,
dem wird mit der Faust die Meinung gesagt:
„He, du Barbar, du schäbiger Lump,
du feige Hyäne, du räudiger Hund!
Kamst du denn, um nach der Ware zu fragen
oder um einen Mann zu erschlagen?"

Und wie sie schreien und wie sie schlagen,
als ob sie den Wettkampf im Prügeln austragen;
der Mann als Masse aus weichem Teig
bleibt liegen neben dem Hundeleib.

Die schlechte Nachricht eilt fort wie der Wind,
bis man sie im nächsten Dorf vernimmt:
Es soll jemand kommen, und zwar geschwind,
der die Leiche nebst Hund zum Teufel bringt...

Sie hörten das,
erschreckend und blass;
was geschehen war, war kein Spaß,
es weckte in ihnen Grimm, Rachsucht und Hass.

„Los, auf die Beine", riefen sie,
„beleidigt, ermordet haben sie
unseren Mann.
Und wer kann,
zu Pferd geschwind!
Das Spiel beginnt!"
Wie ein Fliegenschwarm, der wild
aus einem stürzenden Mülleimer quillt,
so stürmten sie aus jedem Haus
bis an die Zähne bewaffnet hinaus.
Der eine trägt ein Schießgewehr,
der andere Beil, Dolch, Spieß und noch mehr;
der eine Stock und Ruderschaft,
der andere hat Sichel und Schaufel gerafft.
Viele zu Pferde, zu Fuß noch viel mehr,
Diener und Herr schreiten einig einher.
Der Hut fehlt dem einen, dem andern die Schuh,
so ziehen sie hin, jenem Dorfe zu:
„Hei, was für ein gottloser Fleck!
Kein Gewissen im Hirn, nur Dreck!
Da gehst du hin, um was zu besorgen,
und wirst zum Opfer meuchelnder Horden!
Fluch über euch und euer Nest!
Über eure Häuser die Pest!
Gehen wir, brennen wir,
morden wir, sengen wir..."

„Vorwärts, auf sie..." Könnt ihr es sehen?
Zwei Dörfer, die gegeneinanderstehen

und voll von Wut den Kampf beginnen,
schießen um sich, schlagen, ringen.
Und jeden töten sie zornentbrannt,
nach dem ihr Blutdurst lechzend verlangt.
Es packt sie der Teufel, der Wahnsinn dazu,
sie metzeln sich nieder, und dann erst ist Ruh.

Nun aber hört: das Unheil reicht noch nicht,
denn beide Dörfer liegen dicht
an der Grenze, zu beiden Seiten,
also in verschiedenen Reichen.
Der König des einen Landes prompt,
als ihm die Kunde zu Ohren kommt,
hält eine strenge Kundgebung ab
und spricht wie folgt zum Volke herab:
„Hör, Volk, das sich meiner Gunst erfreut,
Soldaten, Arbeiter, Handelsleut,
von jedem Rang,
von jedem Stand,
meiner Herrschaft Untertanen!
Ein grausam Volk unter fremden Fahnen
von Verrätern, Gesindel und Barbaren
ist über unsere Grenze gekommen,
hat mordend und brennend ein Dorf genommen.
Von finsteren Zornes Sucht getrieben,
haben sie unsere Kinder, die lieben,
die friedlich schliefen in der Nacht,
zu Opfern von Schwert und Flammen gemacht...!
So vernichtet von Feuersbrunst
schreien diese Opfer nach uns!
Rache, Rache fordern sie!
Nachsicht verziehen die Waisen uns nie!
Wir nun, obwohl mit Unbehagen,
dürfen nicht der Pflicht entsagen,

im Namen Gottes, des Gerechten,
und des heil'gen Gerichts zu fechten
und mit den modernsten unserer Waffen
den Feind zu umzingeln und niederzumachen!"

Der andere König würdevoll
verkündet nun vor dem ganzen Volk:
„Ob vor Gott oder dem Gewissen
der ganzen Menschheit, sollt ihr wissen,
müssen wir die Stimme erheben,
gegen alles und gegen jeden,
der, wie unser Nachbarland
niederträchtig es verstand,
die Waffen gegen den Frieden zu wenden
und das heilige Bündnis zu schänden
mit Zwietracht, Bosheit, Zank und Streit!
So müssen wir, es tut uns leid,
im Namen der Opfer dieser Verräter,
im Namen des Landes unserer Väter,
im Namen von Ehre, Gerechtigkeit
und Gottes unsterblicher Herrlichkeit
das Schwert zum Kampfe nun erheben
und schonungslos den Feind zu zertreten!"

Und Krieg war, Jammer, Qual und Not,
Zerstörung, Mord, Gemetzel, Tod.
In Strömen flossen Blut und Tränen,
keine Stadt, kein Dorf blieb mehr bestehen.
Mauerrest, Rauch und Leichen
zeugen von zwei mächtigen Reichen.
Sommer, Winter,
Jahr um Jahr
kommt und geht.
Zerstörte Äcker,

wüste Felder,
unbesät.

Doch nicht vorbei war Kampf und Elend:
Hungersnöte, lang, verheerend,
brachten Seuchen, und am Ende
zog ein jeder in die Fremde.

Und hilflos lag in aller Munde
angstvoll die Frage nach dem Grunde:
Was konnte nur geschehen sein,
dass solch ein Unglück brach herein?

1909
(Übersetzt von Gerayer Koutcharian, nachgedichtet von Winfried Dallmann)

*

Atabek Chnkojan

**Der Kongress der Mäuse
(Oder: Wer hängt der Katze die Schelle um?)**

Schlimmster Hunger herrschte im Mäusereich,
wegen der dreisten Katze aus Katwastan[5].
Von Tür zu Tür ging der Ausrufer,
in alle Häuser und Keller,
um alle Dörfler, Jung und Alt, einzuladen,
und die Notabeln noch eigens dazu.
Er rief, und alle eilten herbei,
um zu beraten: Was wohl zu tun sei?
Wie sich von der Katze befreien?

---

5 Katzenland

Die Dorfältesten kamen,
mit langen, dünnen Schwänzen
nahmen sie an der Beratung teil.
Nachdem er an der Reihe war,
sprach ein notabler Mäuserich:
„Hört, werte Stammesgenossen,
ich habe weder Weib, noch Sohn.
Bin ein lediger Mäuserich,
jedoch ein höchst ehrenwerter.
Falls meine Beine vor Hunger versagen,
werde ich Hungers sterben.
Denn der Hunger steht vor unserer Tür!
Ach, dieses ekle Katzengeschwür
Hat sich im Keller eingenistet.
Doch wie auch immer sie kokettiert
und vortäuscht bereits tot zu sein:
Sobald sie eine Maus erblickt,
eilt sie herbei, schnappt ihren Kopf,
der Leib hängt aus ihrem Maul,
vertilgt sie und genießt so ihr Leben!
Wie ungerecht und frevelhaft!
Danach funkeln ihr beide Augen
vor lauter Lust.
Doch unsere edle Art
soll nicht so klanglos verschwinden.
Gegen jeden Schmerz gibt es ein Mittel.

Drum hab ich die Schelle mitgebracht,
deren Geläut schallt laut und schrill.
Die hängen wir der Katze um,
egal, wie sehr sie sich windet und dreht,
sich ziert und wiegelt,
sich totstellt und schweigt:
Wir hören es gleich,
wenn die Bestie naht."

„Na fein, bloß wer legt die Schelle ihr an?"
„Alo, du!"
„Alo soll das tun?"
„Balo, du!"
„Balo soll sie anlegen?"
„Tschalo, du!"
„Tschalo hinkt!"
„Msto, du!"
„Msto ist kleinwüchsig!"
„Psto, du!"
„Ist das gerecht?"
„Hambo!"
„Ich bin zu schwach!"
„Tschambo, du!"
„Nehmen wir an, dass ich das mache:
Falls aber die Katze angreift?"
„Bto und Chto sollen sie
am Rücken festhalten!"
„Was redest du nur für Unsinn!
Besser, du legst selbst die Schelle
an als Bto und Chto!"
Plapperte nach Mäuseart der Bto.
„Schweig, dreister Schwätzer!
Töten sollte man euch alle,
ihr feigen Geschöpfe!
Soll ich denn die Ansprache halten
oder die Schelle anlegen?"
rief der Ehrenwerte
und zog den Schwanz ein.

1957, 1964, 1972, 1979

*

Awetik Issahakjan

Unter Anis Mauer

O wie gerne, wie gern wäre ich
nur ein einfacher Krieger,
Unermüdlich kämpfte ich
gegen der Armenier Feinde
unter Anis machtvoller Mauer.

Mit welch eifrigem Feuer rächte ich
Jahrhundert um Jahrhundert.
Mit Wunden bedeckt fiele ich
unter jener ehrwürdigen Mauer.
Mein Herz fände Frieden dann.
Und ich erlösche auf ewiglich
unter Anis unsterblicher Mauer.

Daniel Waruschan

Widmung

Mit der Feder aus Schilf besang ich den Ruhm
   - Dir zum Geschenk, mein Vaterland.
Ich schnitt es im Hain heiliger Pappeln,
   - Dir zum Geschenk, alt Vaterland.
Mit dem Schilfrohr pries ich heidnische Priester.
Licht schien aus jenem Rohr.

Mit dem Schilfrohr besang ich die Sehnsucht
   - euch zum Geschenk, armenische Exilanten.
Ein Rohr aus der Fremde tat diesen Dienst
   - euch zum Geschenk, arme Exilanten.

Mit jener Feder besang ich die verlassenen Bräute.
Ein Klagelied drang aus jenem Rohr.

Mit dem Schilfrohr besang ich das Blut
  - euch zum Geschenk, ihr Opfer des Schwertes.
Es keimte als Binse in der Asche
  - euch zum Geschenk, ihr Opfer des Feuers.
Dieser Feder entströmte mein Herz.

Mit dem Schilfrohr besang ich mein verwaistes Heim
  - Dir zum Geschenk, greiser Vater.
Ich schnitt es an der versiegten Quelle
  - Dir zum Geschenk, gebrochene Mutter.
Rauch quoll aus jenem Rohr.

Und stets den Kampf besang ich
  - euch zum Geschenk, armenische Kämpfer.
Zum Brennstab im Schmelzofen wurde die Feder
  - euch zum Geschenk, tapfere Kämpfer.
Mit dieser Feder besang ich die Rache.
Feuer schlug aus jenem Rohr.

*

Wahan Tekejan

Du wirst fallen

Du wirst fallen. Du musst fallen.
Damit du stürzend noch erkennst:
Den letzten großen Schmerz,
der dein würdeloses Herz trifft,
werden dir jene zufügen,
die dich so oft gerettet haben.

Sterbend empfängst du noch
deine gerechte Strafe:
Unser Land, das du in Trümmer schlugst,
wird neu erblühen.
Deine Sklavenseele wird dann
Zeuge unserer Freude werden.

*

Jerische Tscharenz

Attila

Zertritt ihr Paradies, Attila!
(Wjatscheslaw Iwanow)

Aus Tiefen von Jahrhunderten erwacht,
durchmesse ich erneut die Welt.
Mein Blick geht nach der Feuersbrunst,
aus Tiefen von Jahrhunderten erwacht.

In einer fernen, dunklen Nacht
begruben meine Hunnen mich im Goldsarg.
Und keiner störte seither meine Ruhe,
denn niemand kannte jene Stätte.

Danach vergaß man Attila,
machte ihn gar zum Kinderspott.
Ein jeder glaubte, er sei tot...
Doch ich bin da und gehe über Länder.

Bis zu den Sternen schlagen gelbe Flammen,
von neuem sinkt die Welt in Schutt und Asche:
Ihr werdet Attila, der Hunnen König,
nie mehr verhöhnen, noch vergessen.

Und wieder Sengen, Brennen, Morden.
Mein Wille schlägt die Welt in Trümmer
und hetzt in roter Schreckensnacht
bis Rom die wilden Reiterhorden.

Ein Hieb von meiner Eisenfaust
zerschmettert Dome und Paläste.
Und Könige und Fürsten kriechen
wie Sumpfgeschmeiß vor mir im Staub.

Dieselben sind's, die dreist gelacht,
als sie im Zirkus saßen und vernahmen,
dass Theodor im Traume sah,
wie Attila der Pfeil zerbrach...

dieselben, die zu früh frohlockt,
vom eitlen Wahn, ich wäre tot, besessen,
die sich schon, und die Menschheit gar
in Sicherheit und Ruhe wähnten.

Ihr Elenden, jetzt übe ich Vergeltung!
Ich war, ich bin, ich werde ewig sein.
Ich schlafe ein, um wieder aufzuwachen.
In allen Sprachen nennt man mich:
Verderben, Tod und Rache.

(...)

1916

Verfolgung und Vernichtung: „Schlägt da ein Beil an meine Tür?"

Dieser Abschnitt vereint Texte der Vorahnung und des postgenozidalen Gedenkens. Viele Autoren der vor 1915 verfassten Texte fielen selbst dem Völkermord zum Opfer, darunter die herausragendsten Lyriker westarmenischer Sprache: Siamanto und Daniel Waruschan. Siamantos Beitrag zur Entwicklung der modernen armenischen Poesie liegt in der Originalität seiner Bilder, seiner Expressivität sowie im Pathos seiner meist in freiem Versmaß gehaltenen Gedankenlyrik. Mit Daniel Waruschan gehört Siamanto zu jenen sich selbst als ‚künstlerische Generation' bezeichnenden Dichtern, die die armenische Kultur seit der Wende vom 19. zum 20. Jh. prägten; er gilt zugleich als typischster Vertreter des letzten und glanzvollsten Abschnitts der westarmenischen Dichtung. Dieser endete abrupt mit dem Völkermord der jungtürkischen Regierung an 1,5 Millionen armenischen Bürgern des Osmanischen Reiches. Den Sänger der Massakergräuel, der Vergeltung und des Freiheitskampfes ereilte ein Schicksal, das Siamantos beklemmenden Visionen entsprungen schien.

Wie viele westarmenische Intellektuelle geriet Siamanto während seines Studiums in Paris unter den Einfluss der frankophonen Kultur, insbesondere des symbolistischen französischen Dichters Paul Verlaine sowie der ebenfalls dem französischen Symbolismus verpflichteten belgischen Lyriker und Dramatiker Maurice Maeterlinck und Émile Verhaeren. Dessen flämischer Nationalstolz und übersteigertes Pathos waren Siamanto als Mitglied der nationalrevolutionären armenischen Partei *Daschnakzutjun* ebenso wesensverwandt wie Verhaerens Kampf für die kulturelle Eigenständigkeit seiner belgischen Heimat oder Maeterlincks Gespür für die bedrückende Allgegenwart des Todes, dem auch Siamanto in seinem ersten Gedicht *Todesvision* 1898 Ausdruck verlieh.

Nach der jungtürkischen Revolution gegen die reaktionäre Despotie Sultan Abdülhamits II. kehrte Siamanto 1908 nach Konstantinopel zurück. Das Gedicht *Weinlese* entstand noch unter dem Eindruck der Zukunftszuversicht, die der Umsturz der Jungtürken bei zahlreichen Armeniern osmanischer Staatszugehörigkeit ausgelöst hatte. Doch schon bald erfuhr Siamanto aus Briefen, die sein Freund, der Arzt Tiran Palagjan, aus Adana an seine Familie schickte, aus erster Hand Einzelzeiten von einem neuerlichen Armeniermassaker (Kilikien/türk. Seyhan, April 1909) und verfasste unter ihrem Eindruck den Gedichtzyklus *Rote Nachrichten von meinem Freund* (1909), den Daniel Waruschan als „begabten Gesang über das Verbrechen" bezeichnete. Die Wirklichkeit hatte die düsteren Phantasien des Dichters eingeholt, der seine verwüstete, entvölkerte Heimat als eine an Dante erinnernde Hölle beschreibt: Tod, Schreie aus dem Jenseits, zuckende Schatten von Ungeheuern, krächzende Raben, vom Verwesungsgeruch angelockte Hyänen und Wölfe, blendende Blitze, betäubender Donner sowie finstere Schreckensnächte in einer entfesselten, tosenden Natur.

Das erste Adana-Massaker war Anfang März 1909 bei einer Beratung unter Leitung des Provinzgouverneurs beschlossen worden und wurde mit Hilfe der Ortsbehörden vom 1.-4. April 1909 durchgeführt. Als Totschläger hatte man zuvor 500 Verbrecher eigens aus den Gefängnissen entlassen. Unter dem Vorwand, die Ordnung wieder herzustellen, verlegte die jungtürkische Zentralregierung Mitte April 1909 osmanische Streitkräfte von Ostthrakien nach Adana. Doch der Aufmarsch der Truppen am 12. April 1909 entfachte einen zweiten Schub antichristlicher Massengewalt, die in ihrem Umfang und an Brutalität die vorherigen Massaker noch übertraf; die regulären Streitkräfte beteiligten sich an dem Blutbad.

Auch Sapel Jessajans *In den Ruinen* (1911) bezieht sich auf die Massaker in der osmanischen Provinz Adana. Ihr reportagehafter Reisebericht beruht auf persönlichen Eindrücken, eigenen Recherchen und der Wiedergabe von Augenzeugenberichten, die Jessajan als Mitglied einer vom armenisch-apostolischen Patriarchat zu Konstantinopel in die Provinz Adana entsandten Delegation sammeln konnte. Aufgabe der Delegierten war es, nach Massakern an der christlichen Bevölkerung der Stadt und gleichnamigen Provinz Adana armenische Waisen ausfindig zu machen und karitative Hilfe zu organisieren. Da die materiellen und organisatorischen Möglichkeiten der Delegation äußerst beschränkt waren, gelang dies freilich nur für 500 Waisen. Überwältigt von dem allgemeinen Elend und ihrer eigenen, als inadäquat empfundenen Ohnmacht brach Jessajan ihren Aufenthalt nach zweieinhalb Monaten ab und kehrte nach Konstantinopel zurück, um zu schreiben, - in erster Linie, wie der armenische Literaturkritiker Marc Nichanian vermutet, als „Überlebensmittel" und Selbstbefreiung, um der seelischen Zerrüttung und Überidentifizierung mit den Opfern zu entrinnen.

Jessajans Bericht bildet keine Rekonstruktion oder

Nacherzählung der „Katastrophe" (arm. aret), wie die Autorin die Ereignisse vom April 1909 umschrieb, sondern eine Klage über ihre verheerenden Folgen. M. Nichanian bezeichnete sie als eines der bedeutendsten Werke in westarmenischer Sprache. Die Autorin hielt sich vom Juli bis Mitte September 1909 in Kilikien auf. Nach ihrer Rückkehr verfasste sie zunächst einzelne Artikel über ihre Reiseeindrücke, die die Grundlage ihres erst im Mai 1911 veröffentlichten Buches *In den Ruinen* bildeten.

Die Überlebenden, die Jessajan in Adana und bei der Reise durch Dörfer und Städtchen der Provinz Adana begegneten, waren überwiegend Frauen, Kinder und Greise, alle traumatisiert. Die höchste Opfer- und Waisenrate bestand unter den Saisonarbeitern aus Armenien, von wo damals jährlich 40-50.000 Menschen nach Kilikien kamen. Schließlich konnte Jessajan auch mit armenischen Gefängnisinsassen sprechen, denn alle, die erfolgreich versucht hatten, sich während der Massaker zu verteidigen, waren festgenommen und angeklagt worden, einige zum Tode verurteilt und gehängt. Schrecklicher noch als die Massaker selbst empfand die armenische Bevölkerung Kilikiens diese öffentlichen Hinrichtungen ihrer Söhne und Ehemänner.

Als „Adana-Massaker" fanden die Verbrechen ihr Echo in der armenischen und internationalen Presse. Während aus heutiger Sicht die Kontinuität der Massaker unter der Herrschaft Sultan Abdülhamits II. 1894-96 und der Jungtürken unstrittig ist, blieb diese für die Zeitgenossen noch Ansichtssache. Viele Armenier hatten sich von der Absetzung des reaktionären „Blutsultans" Abdülhamit durch die Jungtürken eine Besserung ihrer Lage und ein Ende der Willkür erhofft. Bei genauerem Hinsehen zeigte sich aber, dass sowohl Anhänger des *ancien régime*, als auch der Jungtürken in die kilikischen Massaker verwickelt waren. Auf diesen Massenmord reagierte die zeitgenössische armenische Elite unterschiedlich: Während etwa die Dichter Siamanto und Daniel Waruschan das Vertrauen in die jungtürkischen „Revolutionäre" gänzlich verloren und ihre Leser zu Kampf und Widerstand aufriefen, klammerte sich Jessajan trotz der von ihr dokumentierten Massenvernichtung an Menschen und Gütern an die Hoffnung, dass die Ermordeten die letzten „Opfer für die Freiheit" bleiben würden; eine Mitschuld der Jungtürken thematisierte sie nicht. Als aufrichtige Berichterstatterin unterschlug sie allerdings nicht die Zweifel, die ihre Gesprächspartner in Kilikien hegten. So zitiert sie eine überlebende Witwe mit den Worten: „So lange wir in diesem Land sind, bleiben wir ihre Gefangenen. Wer garantiert uns, dass sich derartiges nicht wiederholt?" Tatsächlich begann nur fünf Jahre später fast landesweit die Vernichtung der armenischen und aramäischsprachigen Bevölkerung. Die der griechisch-orthodoxen Bevölkerung des Osmanischen Reiches hatte in den Provinzen Edirne (Ostthrakien) und Aydın (Smyrna, Ionien bzw. Westanatolien) bereits während der Balkankriege 1912/3 begonnen.

Die Neuauflage von Jessajans Bericht in einem türkischen Verlag in Istanbul, fast 100 Jahre nach der Erstveröffentlichung, bildet nicht nur eine späte Hommage der Autorin in ihrer Heimatstadt, sondern zeugt von aktuellen publizistischen Versuchen zur Aufarbeitung der türkischen Gegenwartsgeschichte

Auch der Arzt und Dichter Ruben Sewak, der in seinem lyrischen Werk ebenfalls die Adana-Massaker behandelt hatte, wurde 1915 ermordet. Sein nur sechs Zeilen umfassendes Gedicht *Armenien* schildert auf das Äußerste komprimiert die sich steigernden Schrecken in seiner Heimat. Für den in der Flüchtlingshilfe engagierten ostarmenischen Dichter Howhannes Tumanjan erloschen die Zukunftszuversicht und der Glaube an das Gute im Menschen abrupt 1916, als Tumanjan den Umfang der an seinem Volk begangenen Vernichtung begriff. Als einer der ersten Dichter – neben Jerische Tscharenz' Poem *Danteske Legende* (1915-16) - reagierte er mit dem Gedicht *Seelenmesse* (1916), in dem der Dichter den Ermordeten die Totenmesse liest; in Anknüpfung an seine früheren Werke und dem ungeheuren Anlass entsprechend dienen ihm nun „die Berge Armeniens" als Altar; über dem Abgrund seiner entvölkerten Heimat erhebt sich der einsame, hoffnungslose Dichter: „Wie unser Massis stand ich finster, fest, allein. / Ich rief den unerlösten Seelen zu, die unser Land durchziehn, / vom Zweistromland gen Syrien, zum Mittelmeer / und Hellespont, bis an des Pontos stürmische Gestade: / ‚Findet doch Frieden, meine Waisen, vergebens sind die Welt und eure Bange ... / hier herrscht das Menschen fressende Ungeheuer Mensch noch lange!'"

Wahan Tekejan entging den Massakern unter Sultan Abdülhamit, indem er nach England, Frankreich und dann nach Ägypten auswich. Zu Beginn des Ersten Weltkriegs kehrte er auf Drängen von Freunden nach Ägypten zurück und entkam als einer der wenigen armenischen Intellektuellen der Festnahme und Ermordung im April 1915. In seinem Gedicht *Deportation* schildert er die Qualen der Todesmärsche.

Der neuerliche Elitizid an armenischen Intellektuellen in der Stalinzeit löste die Tabuisierung des osmanischen

Genozids in der Literatur und Wissenschaft Sowjetarmeniens aus. Autoren autofiktionaler historischer Prosa über ihre Kindheit und Jugend in Westarmenien bzw. dem Osmanischen Reich gerieten schnell in den Verdacht des Nationalismus und Revanchismus. Erst in der „Tauwetterperiode", als nach Stalins Tod Nikita Chruschtschow zum Ersten Sekretär der KPdSU (1953-1964) ernannt wurde, konnte der „große Frevel", der *meds jerern*, schrittweise wieder in das öffentliche Bewusstsein der Sowjetarmenier zurückgerufen werden. Einen entscheidenden Beitrag zu dieser erinnerungspolitischen Rückgewinnung leistete Parujr Sewaks historisches Poem *Der nie verstummende Glockenturm* (1959).

Sewak gehört zu jener Generation sowjetischer Dichter, die, geistig den zornigen jungen Männern der amerikanischen Beatnik-Generation verwandt, unter den relativen Freiheiten der „Tauwetter"-Periode eine Reihe formaler, vor allem aber inhaltlicher Tabus brachen und dank ihres kritischen Citoyen-Pathos zu glaubwürdigen moralischen Richtern gesellschaftlicher Missstände wurden. Gleichzeitig hatte das Philologiestudium bei Sewak ein tiefes Interesse an der armenischen Literaturtradition und Geschichte geweckt, was ihn unter anderem dazu führte, die Verfolgung und Vernichtung der Armenier im Osmanischen Reich 1915–1917 literarisch aufzuarbeiten. Das Thema des Freiheitskampfes und der Vernichtung, das in der Sowjetunion jahrzehntelang als Ausdruck des Nationalismus unterdrückt worden war, war in der sowjetarmenischen Poesie zuletzt in den Poemen *Danteske Legende* (1915-6) und *Gruppenführer Aschot* (1929) von Jerische Tscharenz behandelt worden, der auch sonst unter den armenischen Dichtern der Neuzeit Sewak am nachsten steht. Sewak griff das politisch gefährliche und literarisch komplizierte Thema bereits in den Gedichten *Das Haus* und *Der Massis* (arm. für Ararat) seines ersten Lyrikbandes *Die Unsterblichen gebieten* (1948) auf, in denen er den in *Der nie verstummende Glockenturm* wiederholten Gedanken von einer türkisch-deutschen Komplizenschaft, personifiziert durch die Freundschaft zwischen Sultan Abdülhamit II. und Kaiser Wilhelm II., vertrat. Da ihn das Genozid-Thema lebenslang beschäftigte, überarbeitete Sewak das in Moskau verfasste Poem *Der nie verstummende Glockenturm* mehrmals und schrieb 1965 aus Anlass des 50. Jahresgedenktages an den Völkermord von 1915 ein weiteres Poem *Dreistimmige Andacht* über den Genozid. Sein Geburtsort trägt heute den Namen Sangakatun (Glockenturm).

Im Mittelpunkt des Poems steht die Gestalt des vielseitig begabten armenischen Geistlichen Komitas (d. i. Soromon Soromonjan, 1869–1935). Als Sammler und Bearbeiter nicht nur armenischer, sondern auch kurdischer und türkischer Volksweisen besitzt er in der armenischen Musikgeschichte eine der Béla Bartóks für die ungarische Musik vergleichbare Stellung. Komitas, der am 24. April 1915 zusammen mit Hunderten anderer armenischer Intellektueller in Konstantinopel festgenommen wurde, entging zwar dank ausländischer Fürsprache der Ermordung und damit dem allgemeinem Schicksal der armenischen intellektuellen Elite, verlor aber angesichts der Verfolgungen sein seelisches Gleichgewicht und seine Schaffenskraft, „wahnsinnig werdend vom Schreckenstraum / unserer Ausbeutung, unserer Qual und Not, / und der völligen Ausrottung, die uns gedroht...“

Seinem musikalischen Protagonisten entsprechend

gliederte Sewak das Poem in sechs große, als Geläut betitelte Abschnitte, die sich ihrerseits in Glockenschläge unterteilen. Gedanklich baut *Der nie verstummende Glockenturm* auf starken Kontrasten auf: Hier die reine Frühlingsschönheit der armenischen Gebirgslandschaft, dort die Verkommenheit der schmutzigen Schlächter, hier die Zivilisation, verkörpert in den Kulturleistungen des armenischen Volkes und des Komponisten Komitas, dort die entfesselte Barbarei des Massenverbrechens und der sinnlosen Zerstörung: „Ein ganzes Volk zerstückeln brutal und kalt / bis auf die Wurzeln zerstören den ganzen Wald . . .‟ Hier die Unschuld der wehrlosen Opfer, dort das kalte Kalkül der Machthaber sowie das moralische Versagen der damaligen europäischen Großmächte.

Der oft erwähnte Umstand, dass Sewaks lyrisches Werk sich der Übersetzbarkeit zu erheblichen Teilen entzieht, rührt nicht allein aus dem hohen Stellenwert formaler Besonderheiten, die Sewak vor allem in den 1960er Jahren mit einer weitgehenden Aufgabe des Endreims sowie der häufigen Verwendung von Alliterationen und Assonanzen vornahm. In erster Linie sind es die meist indirekten Zitate aus der armenischen Dichtung und die gedankliche Anknüpfung an literarische Vorgänger, die eine Rezeption Sewaks außerhalb Armeniens erschweren. Diese Anspielungen begannen bereits bei der Wahl des – von Ruben Sarjan vorgeschlagenen - Künstlernamens, mit dem Sewak an den ermordeten Dichter und Schriftsteller Ruben Sewak (d.i. Tschilingirjan; 1885–1915) erinnerte. In P. Sewaks Poem sind naturgemäß die Zitate aus Gedichten, Volksliedern und Psalmen häufig, die Komitas gesammelt und bearbeitet hat. Doch greift Sewak auch Siamantos verzweifelte Zeilen aus dessen Gedicht *Der Tanz* (1909) auf: „Menschliche Gerechtigkeit, ich spucke dir ins Gesicht!" und kommentiert sie: „. . . wo war da noch Spucke zu jener Zeit / zu treffen die Stirn der Gerechtigkeit. / Verdorrt war Armeniens Kehle und Mund . . ."

Mit dem kommunistischen Dichter Wahan Terjan teilte Sewak die optimistische Überzeugung von der Wiedergeburt Armeniens im Sozialismus bzw. dem Beitritt zur „mächt'gen Familie" der sowjetischen Völker, die er im Schlussabschnitt „Glockenschlag der Wiedergeburt" ausdrückte. Doch anders als bei Terjan erscheint Armenien nicht als Phönix, der sich aus seiner Asche erhebt: „Unseres Volkes Seele wird nie / zu Asche werden, besser gesagt / es ist einerlei, ob der Bosheit Glut / lodert oder leise nur glimmt / sie wird Asche nie, / denn im Höhenflug / schwebt des Armeniers Seele empor . . ."

Für Wahagn Dawtjan sind die Schrecken des Völkermords nur scheinbar verblasst. In seinem Poem *Requiem* (1978) vergegenwärtigen sie sich in der Wüstenregion der nordostsyrischen Stadt Dair-ez-Zor (armenisch: Der Sor).

In Ljudwig Durjans Poem *Arewordik* (1979) stehen die „Sonnenkinder" der gleichnamigen glaubensverfolgten Sekte für alle freiheitsliebenden Dissidenten und Verfolgten. Die mittelalterlichen Schriftsteller Armeniens stuften die „Sonnenkinder" als Anhänger der Lehren des „Magiers Zarathustra" (griech. Zoroaster) ein. Dieser hatte die altiranische Staatsreligion (Masdaismus) begründet, die durch einen tendenziellen Monotheismus, eine dualistische Weltsicht und die Verehrung der Elemente, vor allem des Feuers, gekennzeichnet war, was auch den armenischen Neigungen entsprach.

Siamanto

Todesvision

Blutbad, Gemetzel, Massenmord.
Durch unsere Städte, unser Land
ziehen die Mörder mit Beute und Blut
zwischen Sterbenden und Toten umher.
Rabenschwärme stieben auf,
ihre Schnäbel blutig, ihr Lachen trunken.
Glutheißer Wind erstickt zornig die Sterbenden
und die stumme Klage der Greise,
die in Scharen auf Landstraßen fliehen.
Inmitten der Nacht steigen Blutnebel auf,
mit den Bäumen Fontänen gleichend.
Von überall her stürmen in panischer Angst
gehetzte Herden in lodernde Felder.
Hingeschlachtet liegen Jung und Alt,
gemetzelte Generationen, unbeschreiblich.
Allmählich steigt Tropenhitze auf,
vom Brand altehrwürdiger Städte...
Unter marmorschwer fallendem Schnee
gefriert die Einsamkeit der Trümmer und Toten.
O hört doch das entsetzliche Ächzen
der Leichenwagen unter ihrer Last,
vernehmt die tränenschweren Gebete Trauernder,
deren Zug von der Schlucht
bis zu den Massengräbern reicht!
Lauscht dem letzten Hauch der Agonie,
unter Windstößen, die die Bäume fetzen:
„Oh, kommt nicht näher, kommt nicht näher,
den Friedhöfen bleibt fern und auch dem Meer!"
Auf rotem Wasser seh ich Schiffe in der Ferne,
mit Leichen hoch beladen.

Aus Konvulsionen der Gedärme
erscheinen mir Schädel und Gebeine:
„Hört, hört, hört!"
Zum Entsetzen der Hunde heulen Sterbende,
aus Ebenen und Gräbern zu mir gelangt:
„Blutbad, Gemetzel, Massenmord!"

1898

Weinlese

Wie reich war der Herbst in diesem Jahr...
Nach all unsren Qualen, den Toten und Bränden
hüllten seine Sonne, sein Segen
die endlose Ebene, das Tal mit Stadt und Dorf
in unsäglichen Glanz.
So berichte ich dir von einer seltsamen Vision
in der Morgendämmerung der Weinlese.

Der Weinpresse gegenüber sang im Wasserbecken
die Quelle alter Tage,
der Spiegel unserer Kindheit
ein Lied, wie es die Waisen nur begreifen.

In den Gärten hingen die Trauben von den Reben,
auf die Rückkehr der Wanderarbeiter wartend
verbrannten sie wie ein Herz, von Hoffnung entzündet.
Tausende Trauben waren unter deinem Nachthimmel
neu herangereift und zahllos
wie nächtliche Gestirne.

Vom Wipfel des Maulbeerbaums flogen,
in Sehnsucht entbrannt, die Kraniche
mit lauten Rufen auf die Felder.

Aus allen Gärten quoll die Freude.
auf den Äckern und Tennen,
neben den Weizenähren,
tanzten die jungen Armenierinnen
den ganzen Tag.

Denn dieser Morgen der Weinlese
war unser erstes Erwachen
nach Jahren des Schreckens und der Trauer.
Für Mensch und Natur
schien die Auferstehung angebrochen.
Als die Nacht uns mit Samt bedeckte,
türmten sich nach Arbeit und Trunkenheit
goldene Trauben zuhauf in den Trögen.

An jener Quelle, wo du einst mit einem Kuss
von mir, deiner Schwester, Abschied nahmst,
begegnete mir, dem Waisenkind, unser Vater.
Voll Zärtlichkeit umarmte er mich,
die vor Schreck zitterte,
und tauchte seine Hände in meine Haare.

Vor Freude oder Hoffnung schluchzend
sprach er zu mir:
„Tochter, vielleicht erinnerst du dich
meiner nicht mehr.
Doch bleibst du ein heiliger Teil
meiner Seele und meines Herzens.
Wie viele andere, starb auch ich für euch alle.
Schreib es deinem Bruder:
Seit deiner Geburt und bis zum heutigen Tag
ist dies das erste Jahr, wo in armenischen Gärten
die roten Reben ohne Blut sprossen."

Tränen traten mir in die Augen.
Und in der Dunkelheit, mit seinem Leichentuch
entschwand er unter dem Sternenhimmel.

Das Gespenst kam zurück
– war es wirklich der Vater?
Von der Weinlese zurück, sprach er:
„Nachbarn seit Alters her
und Pilger künftiger Arbeit,
seid gesegnet, seid alle gesegnet!
Vertraut meiner Glücksbotschaft und
eurem Wein im Frühjahr!
Glaubt an die Gerechtigkeit
und an euren Willen unter dem Gesetz.
Glaubt daran: Von heute an
trinkt ihr aus eurem Krug,
aus euren Silberschlüsseln
den Rebensaft ohne Blut."

*

Sapel Jessajan

In den Ruinen (Auszug)

Als es sehr spät geworden war, erklärten wir die Vertei-
lung der Kleider und sonstigen Hilfsgüter für heute als
beendet. Die im Kirchhof versammelten Geschädigten
verließen gruppenweise, entsprechend ihren Dorfge-
meinschaften den Ort, wobei sie ihr Ungemach beklag-
ten. Schweigend packten wir die Hilfsgüter für den kom-
menden Tag, als eine scharfe, schneidende Stimme uns
aufschreckte. Unwillkürlich traten wir vor die Tür. Eine

schwarzgekleidete, tränenüberströmte Frau stand vor uns, umringt von anderen Frauen, denen das Gleiche widerfahren war. Schweigend sahen sie ihr zu. Nicht weit entfernt, an die Wand gelehnt, sang eine Blinde ein Wiegenlied. Wer weiß, für welche ihrer verschwundenen Angehörigen?

„Seine Stimme hallt noch in meinen Ohren", sagte die Weinende. Von Erinnerungen überwältigt, sank sie zu Boden. Eine Weile vermochte sie weder zu sprechen, noch zu weinen. Sie schlug mit den Händen auf ihre Knie, und wenn ihr der Atem ausging, bog sie den Kopf nach hinten. Ihr Hals streckte sich, und mit heiserer Stimme rief sie: „O weh, o weh..."

Man kann sich nicht vorstellen, welches Ausmaß menschliches Unglück erreicht. Als sie ihre schwarzen, mit Tränen und Schmerz erfüllten Augen auf uns heftete, fühlten wir uns unruhig, von Schwindel erfasst. Einer unserer Mitarbeiter ging hin, um sie ins Empfangszimmer der Prälatur zu bringen. Als er ihre Hand ergriff, um ihr beim Laufen zu helfen, zitterte die leiderfüllte Frau wie ein Kind bei jedem Schritt: „O weh, o weh..."

Lange Zeit vernahmen wir nichts, denn jedes Mal, wenn sie zu sprechen versuchte, versagte ihr vor Schluchzen die Stimme. Bisweilen nahmen ihre Augen die Verwirrung einer Wahnsinnigen an. Wir hatten sie auf einem Sessel untergebracht, in Ruhestellung, und wir versuchten, ihren Schmerz zu lindern. Um die Nervenzuckungen zu beruhigen, die ihr Wunsch zu sprechen ausgelöst hatte, ließen wir sie eine Weile allein. Wenig später, betäubt von ihrem Leid, schlief sie ein, auf ihren Arm gelehnt. In ihrem ungewöhnlich blassen Gesicht hatten sich die halb gesenkten

Augenlider blau verfärbt, und durch die Öffnung war das Weiße des Auges zu sehen, und manchmal auch die Pupille, die wie bei einem Blinden bewegungslos und blass war. Inzwischen war die Nacht hereingebrochen, und das Licht einer Kerze erhellte den Raum, wenn auch unvollständig. Die Frau war erwacht, und da ihre Krise abgeflaut war, erfuhren wir nun ihre entsetzliche Geschichte: Drei Tage nach Ostern verließ mein Mann das Dorf. Um Holz zu kaufen, ging er mit einem Türken, Kel Musruch[6], nach Ziyamet. Er war ein Bauer aus unserem Dorf. Gegen Abend erfuhren wir von anderen Bauern, dass mein Mann von seinem Begleiter ermordet worden war. Wir weinten, nicht ahnend, was noch alles auf unserer schwarzen Stirn geschrieben stand. Am nächsten Tag erreichte uns die Nachricht von den Unruhen, doch ein Freund unserer Familie kam, verteidigte uns und erlaubte bis zum Abend nicht, dass jemand uns ein Haar krümmte. Meine Töchter und mein Sohn, 18 Jahre alt, saßen bei mir und erinnerten einander, was ihr Vater alles für den Winter geplant hatte. O weh, wie starb er? Von welcher Waffe? Wir wussten es nicht. Wir waren blass wie die Wand. Und als meine Tochter sich erhob, kam sie mir vor wie eine Todesfee.

In der Ferne hörten wir den Donner von Schusswaffen. Draußen heulten die Hunde, und wenn sie in die Nähe einer Eingangstür kamen, waren ihre Schnauzen offen, und sie heulten stundenlang. Der Türke, der uns unterstützte, geriet in Verwirrung. Von draußen kamen welche, sie redeten miteinander, flüsterten und gingen bald weiter, mit schmutzigen Händen, verdrehten Augen und Schaum vor dem Mund. Kurz vor Tagesanbruch hat uns der befreundete Türke verlassen, ob aus Furcht oder auf Befehl eines anderen weiß ich nicht genau.

---

6 Kel Musruh (türk.) – „Musruch der Grindige"

Ein wenig später kamen sie. O Schreck... alles wurde geplündert. Als das Haus und das Geschäft gänzlich leer waren, erschien der Eigentümer, verschloss die Ladentür, versiegelte sie und nahm sämtliche Unterlagen mit. Wir blieben allein und in untröstlichem Zustand zurück, mussten aber bald feststellen, dass unser Leid noch nicht zu Ende war.

Nicht dem Verlust von Gütern galt meine Hauptsorge, sondern den Kindern. Ich wusste nicht, wen ich mehr beweinen sollte. Gegen Abend kam der Schulze, Aghze Ganle Mehmet Ağa, und versuchte uns zu überreden, in seinem Haus Zuflucht zu suchen. Mein Heim lag nun in Ruinen, mein Herz brannte wie von Feuer... Mein Mann war ermordet, ich blieb in dieser Welt ganz allein zurück ... hier hatte ich gelebt, hier war ich glücklich: „Ich verlasse die Schwelle meines Hauses nicht, ich bin bereit, hier zu sterben. Lass uns hier!"

Eine Weile blieb er still. Er war unschlüssig und nahm bald meinen Sohn, bald meine Töchter in Augenschein. Er hatte erlebt, wie meine Kinder, mit seinen Kindern und Enkeln spielend, aufgewachsen waren. Ich erkannte, dass er innerlich bewegt war. Er atmete keuchend, und der Schweiß trat ihm auf die Stirn:

„Ach, ach", sagte er endlich, „der Tag, an dem wir geboren wurden, muss verflucht gewesen sein. Schmerz steht uns auf die Stirn geschrieben. Und wir verbrennen, ihr mit dem einen, und wir mit dem anderen Schmerz..."

Dann trat er auf mich zu und flüsterte mir ins Ohr: „Von den Versammlungen da draußen weiß ich es genau: Sie werden euch alle niedermetzeln! Ich will euch zu mir nach Hause nehmen! Ihr könnt kommen oder hierbleiben. Die Entscheidung liegt bei euch!"

Ich warf mich ihm schreiend zu Füßen: „Ich habe mein Leben gelebt, meine Haare sind weiß geworden. Nicht meinetwegen flehe ich dich an, sondern wegen der Kinder. Du bist mein Bruder, mein Unterstützer. Da es keinen anderen Ausweg gibt, soll dein Wille geschehen!" Zusammen mit meinen Kindern ging ich also zum Haus des Dorfschulzen.

Wir wurden in ein Zimmer geführt, aus dem sich die Familie des Schulzen zurückzog: Die Frauen waren erschrocken und flüchteten schreiend, als sie uns sahen, so als seien wir auferstandene Tote. Dort saßen wir nebeneinander und weinten. Meine Hand lag auf dem Kopf meines Sohnes, ich streichelte meine Kinder, eins nach dem anderen. Meinen Sohn, meinen Karapet, habe ich an mich gedrückt. Vor lauter Tränen sah ich ihn nur verschwommen. Meine Sehnsucht verdorrte mir wie Durst die Kehle, meinen Mund, meine Liebe... In diesem Augenblick hatte ich meinen Mann beinahe vergessen. Als meine Kinder fragten: „Mutter, wir sind doch hier in Sicherheit, warum weinst du?", erwiderte ich: „Wegen eures Vaters". Da erhoben meine Kinder ihre Stimmen, und gemeinsam blickten wir meinen Karapet an. Totenblass, mit zitternden Händen und Beinen ging er im Zimmer auf und ab, kam und setzte sich uns gegenüber.

Kurz nachdem wir in das Haus des Dorfschulzen gekommen waren, erschien unser türkischer Nachbar und berichtete: „Schlimm, ganz schlimm, die Nachrichten sind schlimm... Überall Brandschatzung, Vernichtung, keine Armenier mehr, keine Kirchen... das armenische Volk wurde vernichtet, seine Wurzeln ausgerissen."

Er blieb noch etwas, bewegte seinen Kopf hin und her und sprach: „Falls ihr zum Islam übertretet, werdet ihr gerettet. Sonst tötet man euch, soviel ist klar!"

Meine ältere Tochter und ich erwiderten mit einer Stimme: „Soll es so sein… da alle tot sind, werden auch wir sterben. Uns ist ein kurzes Leben bestimmt gewesen, mehr davon wäre nicht erlaubt!"

Der Türke wiegte seinen Kopf und wiederholte: „Es ist klar, dass man euch abschlachtet!" Karapet, der sich an die Wand gelehnt hatte, wurde gelb wie Wachs, sogar das Fleisch in seinem Gesicht zitterte. Langsam kam er auf uns zu, und bei jedem Schritt bebte sein ganzer Körper. Als habe er das Laufen und Sprechen vergessen, öffnete und schloss er einige Male den Mund, aber keine Stimme drang heraus.

Als er zu uns trat, umarmte er meine Knie, schaute bald mich, bald seine Schwestern an und flehte: „Ich bin noch nicht achtzehn Jahre alt und habe noch nicht gelebt! Habt Erbarmen mit mir! Ich will leben, leben möchte ich… Lasst uns den Islam annehmen, was schadet es, falls wir zum Islam übertreten, um zu leben! Mutter, ich will nicht sterben!"

Zuerst lehnten meine Töchter und ich das ab und tadelten ihn: „Auf diese Art zu leben ist schlimmer als der Tod. Schäm dich! Den Weg, den dein Vater ging, werden wir fortsetzen. Unser Blut ist nicht röter!"

„Mutter, ich möchte leben! Leben! Leben!"

Der Türke stand noch neben uns, und ab und an wiederholte er: „Es wurde beschlossen, euch abzuschlachten!"

Schließlich konnte ich das Flehen meines Sohnes nicht länger ertragen, und um sein Leben zu retten, haben wir den Islam angenommen.

Kurz danach kam der Schulze. Seine Augen glitten unschlüssig über meine Töchter und meinen Sohn. Er benahm sich, als habe er Mitleid, wobei er sich bemühte, fröhlich zu erscheinen: „Es hat mein Herz mit Freude erfüllt, dass wir nun in derselben Religion verbrüdert sind. Dadurch seid ihr für uns heilig... Möge die Wolke des Schmerzes und Leids über eure Köpfe gezogen sein!"

Eine Weile schaute er den Karapet erstarrt und schmerzvoll an, dann besann er sich plötzlich und richtete seinen Blick zu Boden. Eine Zeitlang schwiegen wir alle.

„Schlimm, schlimm", hob er dann wie der andere Türke an. „Ihr seid zum Islam übergetreten und habt euren Hals aus der Schlinge gerettet. Es könnte aber geschehen, dass man euch nicht glaubt und die Echtheit eures Glaubens anzweifelt... die kommenden Stunden sind voller Trauer und Leid... ich sah den Pöbel wie ein vom Sturm aufgewühltes Meer. Sie rannten durch Feuer und Blut, und ihre Körper und Kleider waren vom Blut verschmiert."

„Wer? Was?" fragte ich erschreckt.

Der Schulze sah mir in die Augen und sagte geheimnisvoll: „Der Pöbel!"

Dann schlug er vor, meine beiden Töchter mit Türken zu verheiraten, um Vertrauen unter einstigen Feinden zu stiften.

Maral sprang auf und schrie wie ein Wolf: „So was soll niemals vorkommen und wird nicht geschehen! Habt ihr kein Herz? Seid ihr keine Menschen! Habt ihr in eurem Leben kein Leid, keine Schmerzen erfahren? Euer Herz hat nie Mitleid mit euren Kindern gehabt? Wie kommen Sie dazu, an einem solchen Schmerzenstag mir so einen Vorschlag zu machen?"

Der Schulze beruhigte mich und sagte, die Hochzeit sei reine Formsache, und meine Töchter – die jüngere war erst zwölf Jahre alt – werde noch zwei oder drei Monate bei mir bleiben, und dann werde man sehen, was weiter geschieht. Auf diese Zusicherung hin wurden meine Töchter verheiratet.

Wir verbrachten die Nacht, diese schwarze Nacht, weinend und in Trauer, mit Zweifel im Herzen und voller Angst. Am nächsten Tag hatte der Barbier Mustafa, der ein Berufskonkurrent meines Mannes Karapet gewesen war, einen Arbeiter des Chadir Effendi benachrichtig, dass der Schulze Armenier in seinem Haus aufgenommen habe. Kurz darauf entstand Unruhe im Dorf. Wir wussten nichts Genaues, sondern horchten auf den Lärm draußen. War das der Lärm vor dem Sturm? War es Hundegeheul oder menschlicher Lärm? Oder alles zusammen? Plötzlich hörten wir Gewehrschüsse, dann Stille, dann wieder Sturm. Menschen schrien wie wilde Tiere, weitere Gewehrschüsse, dann ein wenig Stille.

Ich erhob mich, öffnete die Zimmertür und wartete. Eine Türkin, die zum Haushalt gehörte, kam vorbei. „Um der Liebe Gottes wegen, was geht da draußen vor sich?" fragte ich sie. Sie bedeckte ihr Gesicht mit einem dunkelroten Kopftuch, und ich konnte sie nicht erkennen. Zuerst wollte sie nicht antworten und ging vorbei, blieb dann aber doch stehen, schaute mich an und schwieg eine Weile. Aus ihren Augen sprühten Blitze, obwohl sich die Öffnung für das Gesicht im Halbdunkeln befand. Aus dem roten Kopftuch sah ich ihre Augen blitzen: „Schweine, Gavurs", sagte sie schließlich. „Euretwegen wird die Ruhe unseres Hauses gestört. Unser Essen und Schlaf wurden entweiht. Wie Hunde seid ihr tollwütig geworden. Wer hat euch geheißen zu revoltieren? Mit Fahnen in der Hand und bewaffnet seid ihr ins Dorf gestürmt, um es zu zertrampeln… Wo sind denn jetzt eure Fidajin[7]? Wo eure Unterstützer aus der ‚Freiheits'-Partei *Hürriyet ve İtilaf*?[8] Möge die Freiheits-Partei auf beiden Augen erblinden, da sie euch um den Verstand gebracht hat!"

Eine Weile atmete sie schwer, und noch immer erbost fuhr sie fort: „Was war denn die Schuld unseres Sultans Abdülhamit? Was hat er Schlimmes getan, dass man ihn vertrieb und an seiner statt die Freiheitspartei *Hürriyet* gesetzt hat? Eure Gavur-*Hürriyet*!"

Ich versuchte, ihr zu antworten, aber das brachte sie noch mehr auf. Fast schreiend fügte sie hinzu: „Denn *Hürriyet* ist nicht der Islam, kann auch niemals der Islam sein!"

Ein unbeschreiblicher Lärm unterbrach unser Gespräch. Ich konnte nicht feststellen, ob sie lachte oder weiter schimpfte, aber ihre Augen funkelten unter dem Kopftuch: „Verfluchte Menschen! Wo ihr auftaucht, bringt ihr Trauer und Leid. Die sind gekommen, um unser Haus niederzubrennen, nur euretwegen! Euer böses Dasein, wann wollt ihr uns verlassen? Geht weg von hier, sucht woanders Zuflucht und bringt nicht noch mehr Menschen in Gefahr!"

Ermattet und schwach, still und verstummt weinte ich. Schließlich ging die Türkin klagend und schimpfend fort.

---

7 Arab. Fedaijin; Freischärler, Partisanen

8 Unter dem Namen *Entente Libérale* (Liberale Union) bildeten die Liberalen 1909 die zweitgrößte Fraktion nach dem jungtürkischen Komitee im osmanischen Parlament. Während des Italienisch-Osmanischen Krieges erfolgte am 21.11.1911 die förmliche Gründung als Partei, nun unter dem Namen *Partei für Freiheit und Verständigung oder Partei der Freiheit und Einigkeit*, (osmanisch *Ḥürrīyet ve İ'tilāf Fırḳası*); sie stellte die ernsthafteste politische Konkurrenz für die Jungtürken dar, die die *Freiheitspartei* nach dem jungtürkischen Staatsstreich vom 23. Januar 1913 unter Führung Envers mit Sanktionen belegten, drangsalierten und wichtige Vertreter des osmanischen Liberalismus ins Exil trieben; Neugründung nach dem Waffenstillstand von Mudros (30.10.1918), Fortexistenz bis Mai 1920.

Inzwischen hatte Aghze Ganli Nachricht geschickt, dass ich und mein Karapet in das türkische Nachbarhaus kommen sollten, zu dem Mann, der uns aufgefordert hatte, den Islam anzunehmen. Meine beiden kleinen „verheirateten" Töchter sollte ich bei ihren Familien lassen.

Der Pöbel hatte die Schwelle des Hauses erreicht, in dem wir Zuflucht gefunden hatten. Durch das Oberlicht konnten wir bisweilen schwarze Arme und Läufe von Schusswaffen sehen. Der Pöbel brüllte wie tollwütige Tiere.

Durch die Hintertür kriechend ging ich mit meinem Sohn in das türkische Nachbarhaus. Meine Töchter, die sich unter einer Matte versteckt hielten, blieben zurück. Später erfuhr ich, dass die Mörder sie dort entdeckt und nach draußen gezerrt hatten, um sie zu töten. Doch auf einmal schrie einer aus dem Haufen: „Die Frauen sollten wir nicht töten. Auch die Alten, Blinden, Schwerbeschädigten lasst am Leben! Den Rest nehmt mit!" Und weil sie gehört hatten, dass meine beiden Töchter „verheiratet" waren, wurden sie wieder in das Haus des Dorfschulzen zurückgebracht.

Dann flutete die Menschenmenge in Richtung des Hauses, wo wir uns versteckt hielten, und belagerten es, wobei sie den Bewohnern androhten, das Haus niederzubrennen, falls sie die Gavurs nicht herausrückten.

Danach kamen die türkischen Frauen des Hauses wütend zu uns, mit zornigen Augen und zerrten uns hinaus. Auf der Türschwelle stand ich zwischen zwei Schwertern. Mein Karapet war blass wie ein Toter und nicht in der Lage, sich aufrecht zu halten. Ich habe ihn mit meinem Körper bedeckt und schrie: „Zuerst müsst ihr mich umbringen!"

Ein schwarzes und dürres Gesicht berührte beinahe das

meine und sagte lachend: „Es gibt keinen Befehl, die Frauen zu töten! Hau ab!"

Dann hörte ich ein Geräusch wie Schnarchen, als ob jemand erstickte. Ich drehte mich um, als... wie habe ich jenen Augenblick überstanden... Jemand packte Karapets Arm und zog ihn. Und er widersetzte sich. Er wurde zu Boden gestoßen, konnte sich aber von dem Mörder befreien. Mit einer Stimme, die mir fremd war, schrie er: „Ich bin Muslim! Zu Ehren des Propheten, lasst mich am Leben!"

Mein Sohn sah mich an, ohne mich zu erkennen. Er blickt auf die Menschenmenge, schaute denjenigen, der ihn zu Boden gezerrt hatte, an und bewegte seinen Mund, um noch etwas zu sagen. Sein Atem ging so heftig, dass er von weitem zu hören war.

„Gut, gut", antworteten ihm viele, „bringen wir dich zum Beschneiden!"

Ein paar Leute griffen ihn gleichzeitig an und zogen ihn mit sich fort. Mein Sohn setzte sich wieder. Seine Kleider wurden zerrissen, seine Knie rissen auf, als man ihn über den Boden schleifte. Auf der Erde waren die Spuren seines Blutes.

Schreiend versuchte er umzukehren: „Mutter, sie wollen mich töten! Mutter, ich will nicht sterben! Ich will nicht sterben!"

O mein Gott! Seither gibt es keinen Augenblick, an dem ich nicht diese Stimme höre und Karapets blasses Gesicht nicht vor meine Augen tritt, denn seine Stimme ist meinen Ohren verhaftet. Sein Todeskampf hat sich meinen Augen eingeprägt.

Ich lief hinter ihm her, aber erreichte ihn nicht mehr. Ich rannte hin und her... Es schien mir, als hörte ich überall die Stimme meines Sohnes, und so habe ich mich verirrt, verlor den Weg. Nach einer Weile kam Frau Safiye zu mir, die Schwester des Aghze Ganli, ergriff meine Hand und führte mich zu sich nach Hause.

„Für dich ziemt es sich, bei deinen Töchtern zu bleiben!"

„Und mein Karapet?" fragte ich, von meinen Tränen fast erstickt.

„Gottes Gnade ist groß", antwortete sie. „Er hat nicht viel gelitten!"

Ich hatte die Nachricht vom Tod meines Sohnes erwartet, aber ich wollte nicht glauben, was ich hörte. Vor Schmerz blieb ich versteinert vor Frau Safiye stehen.

„Setz dich", sagte sie mit betrübter Stimme, nahm meine Hand und zwang mich, mich ins Gras zu setzen, wo sie mir alles erzählte. „Ich war dort, ich sah alles mit meinen Augen und hörte alles. Die Menschen waren wie betrunken, wahnsinnig, der Sohn bereit, seinen Vater zu töten und der Bruder den Bruder. Gott hat uns solche bösen Augenblicke bestimmt. Und einem solchen Augenblick fiel dein Sohn zum Opfer!"

„Mein Junge, mein Junge!" rufe ich aus. „Deine Sonne erlosch! Das Leben war so süß für dich! Mit welcher Waffe töteten sie dich? Wo wurdest du getroffen? Wo ist dein verletzter Körper geblieben? Könnte ich dir doch zum zweiten Mal das Leben schenken! Nimm Licht vom Licht meiner Augen, Atem von meinem Atem und schau dich um! Werde satt vom Leben, mein Junge! Wie haben sie dich getötet?"

„Er wurde zum Flussufer gebracht", antwortete Safiye, „und dort traf Habib auf Karapet: ‚Auf derselben Erde geboren, unter demselben Himmel gelebt – Habib, zwischen uns herrscht das Gesetz von Salz und Brot! Aus demselben Gefäß haben wir gegessen, aus demselben Becher getrunken! Verschone meine Jugend!' Aber sie hörten nicht auf ihn und fesselten seine Hände. Habib zog das Messer aus seinem Gürtel und trat näher... ,Ich fürchte mich vor dem Messer! Werft mich in den Fluss!' sagte Karapet zum letzten Mal. Aber Habib näherte sich lächelnd und stieß das Messer bis zum Heft in den Nacken seines Freundes. Dann warfen sie ihn in den Fluss... Die Menschenmenge schaute zu, wie zwei Mal der blutige Körper an die Oberfläche trieb und dann vom Wasserstrom mitgerissen wurde. Resulunoğlu Khedir rief, dass das Flusswasser sich rötete, wo der Körper des Gavur entlangtrieb. ,Vielleicht ist er noch am Leben?' Das dritte Mal, als Karapets Körper an die Oberfläche trieb, hat er auf ihn geschossen."

„Die Welt wurde schwarz für mich, Safiye", sagte ich weinend der Türkin. „Alle Zornesblitze Gottes sind nicht in der Lage, eure Verbrechen zu bestrafen. Welcher Tag wird eure Buße bringen? Ihr werdet in den Tränen der Mütter, Witwen und Waisen ertrinken!"

Je mehr ich redete, umso blasser wurde Safiye. Zitternd nahm sie meine Hand und versuchte mich zu trösten: „Weine nicht, weine nicht! Er wurde nicht viel gequält! Danke Allah, er erwies sich euch gegenüber als barmherzig, denn wie viele Getötete gibt es, die gequält wurden! Was wird nicht alles erzählt... Unter dem Nagel eines jeden klebt Armenierblut!"

Sie brachte mich ins Haus ihres Bruders, wo auch meine beiden Töchter waren. Wieder vereint, weinten wir, aber sie ließen uns nicht in Ruhe. Die Frauen des Hauses und die Nachbarn waren um uns herum. Manche verspotteten unser Leid: „Wo ist nun *Hürriyet*?" Manche zeigten Mitleid, doch die übrigen machten uns Vorwürfe: „Ihr weint nicht wegen eures Vaters oder Sohns, sondern eure Tränen gelten eurer *millet*, eurer Glaubensnation! In jeder eurer Tränen gibt es Fluch und Gift für uns..."

Eine halbe Stunde später kamen türkische Frauen und erklärten, die Bräute mitnehmen zu müssen.

„Lasst uns in Ruhe!" rief ich aus, „ich habe keine Kraft mehr, mit euch zu streiten! Lasst uns unsere Verluste beweinen!"

Als ich merkte, dass mir keiner zuhörte, wandte ich mich an den Dorfschulzen und erinnerte ihn an sein Versprechen. Doch er erwiderte, dass er nichts tun könne. Gleichzeitig mit den Türkinnen waren auch Bewaffnete gekommen, die meine Töchter gewaltsam mitnahmen, so dass ich gezwungen war, Folge zu leisten.

Ein Monat verging. Mein Ehemann und mein Sohn waren ermordet worden, meine beiden Töchter entführt, mein Haus leer geplündert. Ich besaß keine Hoffnung mehr auf dieser Welt, als eines Tages ein Polizist erschien und bekannt gab, dass er mich zum Militärtribunal begleiten würde, falls ich Klage erheben wolle.

Beim ersten Mal habe ich angesichts der Drohungen mündlich mitgeteilt, dass ich keine Beschwerde hätte, aber nach einer Weile sah ich doch eine Hoffnung, die Verbrecher zu bestrafen und meine Töchter zu befreien. So fand ich Mittel und Wege, um der in Adana ansässigen Delegation des armenischen Patriarchats eine Nachricht über meine Lage zukommen zu lasen. Zwei Wochen später wurde wieder ein Polizist bei mir vorstellig. Es wurde davon gesprochen, dass einige türkische Verbrecher erhängt wurden und viele weitere voller Angst vor Strafverfolgung seien. Mir wurde erlaubt, unter Polizeigeleit nach Adana zu kommen.

Mir war es bis dahin so vorgekommen, dass es keine

unglücklichere Frau als mich gäbe, aber als ich in Adana war, hörte ich tausende ähnlicher Geschichten. Die Trauer in meinem Herzen habe ich unterdrückt und dreimal ein Gesuch beim Militärgericht eingereicht. Doch meine drei Gesuche blieben unbeantwortet. Heute war ich an dem Ort, wo die Zelte für obdachlos gewordene Armenier aufgestellt sind, und dort traf ich auch einen Türken aus unserem Ort.

„Ich habe dich gesucht", erklärte er zuvorkommend, „der Ehemann deiner jüngsten Tochter lässt dir auszurichten, dass deine Anklage sinnlos ist. Er hat gehört, dass du Anklage gegen ihn erhoben hast, ebenso gegen die Mörder von Karapet und deinem Ehemann. Das alles ist aber vergeblich. Sieh nur, wir alle sind noch auf freiem Fuß und bewegen uns frei."

Mir wurde schlecht. Sofort lief ich zum Militärgericht. Meine Wut war derart, dass keiner der Gerichtsdiener am Gerichtseingang mich zurückhalten konnte. Als ich den Saal betrat, waren alle beschäftigt und wollten mich abweisen, aber ich habe laut über all meine Leiden gesprochen, über alles, was ich erlebt hatte. Ich erlitt zwischendurch einen Schwindelanfall, aber sie bemerkten es nicht, denn ich erzählte weiter.

Ich habe denen erzählt, wie mein Sohn auf dem Boden hin- und hergezerrt wurde und wie man das Messer in seinen Nacken stieß, habe erzählt, wie grausam die Frauen waren, wie hartherzig die Männer. Und weiter sagte ich, wie meinem Mutterherzen Stiche versetzt wurden, und wie man mich heute auslacht, indem man mir die Nachricht zukommen ließ, dass ich mir keine Hoffnung auf meine Eingabe und das Militärgericht machen soll, denn all dies sei Schwindel und unwichtig. Und siehe da, die Täter bewegen sich frei, und so wird es sein bis ans Ende.

Als ich geendet hatte, war es still im Saal geworden. Ich dachte, niemand ist mehr da, ich bin allein. Aber als ich zu mir kam, stellte ich fest, dass die Mitarbeiter, die dort hinter dem Tisch gesessen und mir zugehört hatten, vor Aufregung versteinert waren.

Endlich begann einer zu sprechen: „Die Toten werden nicht wieder lebendig. Du, Frau, finde Trost in deinen noch lebenden Kindern... Das Unheil zieht wie ein böser Sturm vorbei, nachdem es Zerstörung verursacht hat... Man muss die Vergangenheit vergessen können..."

„Die Vergangenheit? Die Vergangenheit ist mein getöteter Sohn, ist mein abgeschlachteter Ehemann, meine geraubten Töchter! Die Vergangenheit ist mit Buchstaben aus Feuer in mein Herz eingeschrieben!" Einer der Militärs schaute mich aufmerksam an und wischte sich mit einem kleinen Bleistift die Tränenspur aus dem Augenwinkel. Seine Lippen waren weiß, und als die Aufregung zunahm, blickte er in das vor ihm aufgeschlagene Heft, als würde er lesen.

„Sie sind jung und befinden sich an der Schwelle zum Leben! Bedenken Sie doch, warum ich meines Sohnes beraubt wurde. Auf dieser Welt zu leben, ist für mich eine große Last geworden. Ich hoffe, mit dem Tod meine Ruhe zu finden. Was ich gesehen und gehört habe, reicht, um das Leben von hundert Müttern zu vergiften. Ich besitze keine Hoffnung mehr. Ich bin aber hierhergekommen, um Ihnen zu sagen: Seien Sie gerecht und bestrafen Sie die Verbrecher!"

„Was geschehen ist, ist geschehen! Wen sollen wir bestrafen? Es ist genug Blut geflossen. Vergessen Sie die Vergangenheit!"

Sie flüsterten untereinander, und einer von ihnen fragte mich: „Wer plünderte die Waren aus Ihrem Laden? Wer hat das Warenverzeichnis mitgenommen? Welchen Betrag haben Sie noch im Dorf zu bekommen? Das Militärgericht wird alles Notwendige tun, um den materiellen Schaden wiedergutzumachen!"

„Ich bin nicht hierhergekommen, um die geraubten Haushaltsgegenstände und das Inventar des Geschäfts zurückerstattet zu bekommen. Ich bin hier, damit die Schuldigen bestraft werden!"

„Vor der Katastrophe waren wir Geschwister! Vergessen Sie den Vorfall. Von nun an werden wir erneut wie Geschwister leben. Vergeltung verursacht Feindschaft, und der Frieden in diesem Land wird nicht wieder hergestellt. Auch wird es ein gutes Beispiel sein, falls ihr eure Feinde liebt, wie es euch eure Religion vorschreibt!"

Als ich merkte, dass sie bereits den Sinn meiner Erzählung vergessen hatten und ungeduldig wurden, holte ich meinen Schleier hervor und sagte:

„Da Sie nicht wollen, dass unser Rechtsstreit verhandelt wird, möge Gott Sie richten. Ihr und eure künftigen Generationen sollt verflucht sein!"

Der Saal drehte sich um mich herum, das Geräusch der gerückten Stühle ließ mich verstummen. Sie erhoben sich, und dann setzten sie sich wieder. Und in diesem Augenblick schien mir, als vernehme die ganze Welt meine Stimme:

„Seid verflucht! Seid verflucht!"

1911

*

Ruben Sewak

Armenien

Wer klagt an meiner Hütte Schwelle?
- Schwester, ein Flüchtling ist's, mach auf!
Zieht draußen ein Gerippe vorüber?
- Der Hunger kommt, mach auf!
Schlägt da ein Beil in meine Tür?
- Das Gemetzel beginnt, mach auf!

*

Howhannes Tumanjan

Seelenmesse

Und ich stand auf und las nach unsrer Väter Sitte und
Geboten
die letzte Seelenmesse für die abertausend Toten
und Opfer meines Volkes, die in Stadt und Dorf, in Berg
und Tal
gemordet wurden und verbrannt, verstreut im Land von
Meer zu Meer.

Und von der roten Flamme dieses Riesenbrandes nahm
ich Feuer,
entzündete erneut im stillen, kalten Himmelsschoss die
Altarkerzen,
eine nach der andern: den Massis[9], Ara, Sipan, Srmants,
Nemrut, Tandurek,
die Berge des Armenierlandes, und einer fernen Sonne
gleich

---

9 Armenische Bezeichnung des Großen Ararat

das ew'ge Licht des Aragaz, die unverlöschlich heilige
Ampel,
hoch über meinem Haupte strahlend und für immer
unerreicht.

Wie unser Massis stand ich finster, fest, allein.

Ich rief den unerlösten Seelen zu, die unser Land durch-
ziehen,
vom Zweistromland gen Syrien, zum Mittelmeer
und Hellespont, bis an des Pontos stürmische Gestade:
„Findet doch Frieden, meine Waisen, vergebens sind die
Welt und eure Bange...
hier herrscht das Ungeheuer Mensch noch lange!"

Zu meiner Rechten Euphrat und zur Linken Tigris don-
nerten in tiefen Klüften
Psalmen, und dem gewalt'gen Weihrauchfass der Dsiraw-
schlucht
entstiegen Wolken, Schwaden gleich, die,
vom Zarkanzgebirge an, sich bald verstreuen,
um, Blütendüfte spendend, in die Ferne zu entschweben,
als Weihrauch,
der vom Zweistromland gen Syrien zieht, zum Mittel-
meer
und Hellespont, bis an des Pontos stürmische Gestade:
„Findet doch Frieden, meine Waisen, vergebens sind die
Welt und eure Bange...
hier herrscht das Ungeheuer Mensch noch lange!"

1916

*

Wahan Tekejan

Deportation

Ein schwarzer Strom ergoss sich gen Süden,
versickert allmählich im Sand,
verzweigt sich bisweilen in seinem Lauf.
Stumpf und Stiel riss er gleichermaßen aus.
Zuoberst schwirren als Dunst die Fliegen.
Inmitten des Stroms rauscht das Weinen.
Weggenossen von draußen und drinnen sind mit dabei.
Sonne und Feuer verschmelzen zum Doppeldrachen,
erschöpfen und blenden vom Morgen bis Abend,
erbarmungslos und jeden Tag.
Zum Höllenschreck wird die Finsternis der Nacht.
Bald endloser Wüstenstrom,
bald allgegenwärtige Menschenhyäne.
Fielen die elenden Konvois aus,
fehlten einigen für immer die Säfte.
Beraubt vertrieben sie andere.

Ein schwarzer Strom ergoss sich gen Süden,
Ein endloses Feuer trieb in dem Strom,
tief in erschöpften Herzen begraben,
das, einmal entzündet, aufloht und brennt,
im Herzen aller Armenier, am Morgen der Vergeltung.

*

Parujr Sewak

Der nie verstummende Glockenturm

Geläut des Genozids

Stören? Warum?...

Frühling war's, noch kein Sommer,
als das Firmament einbrach.
Schnee fiel auf unsere baren Häupter.
Es schneite wie Feuer.
Es ist Frühling, doch es schneit[10] ...

Unsere Flüsse flossen
Wankend wie Feuer.
- Blut wurde zu Wasser...
Täler zum Grab,
Schluchten zum Friedhof

- Das Wasser riss unsere Häuser fort...
Jeder Stein ein stilles Mahnmal,
jedes Haus ein Feuerherd.

Ein Vogel mit zerstörtem Nest sind wir.
Fällt ein Wort, so wird es geflüstert,
und Gesang erklingt nur mit Schluchzern.
- Es war ein Verbrechen, Junge, ein Frevel!
Gegen den Säbel, das Schwert und die Kugel
zogen wir mit Sicheln, Schaufeln und Pflugschar.
- Haus und Heimat wurden Ruinen.
- Unser Land wurde verwüstet.

---

10 Anfangszeile eines melancholischen Liebesliedes aus der Volkslied-
sammlung des Komitas; siehe den Text im Abschnitt „Liebe ... ‚unwidersteh-
lich dem Tod verfallen‘"

- Leg Trauer an, schwarzherzige Mutter!
Hier starb kein altes Volk in seiner Heimat,
es wurde ermordet.
- Es ist Frühling, doch es schneit...

Der Frühling ging, es kam der Sommer.
Das Rebhuhn im Tal bekam seine Küken.
Dem Armenier wurde das Kind entrissen,
entrissen der Wärme seines Herdes,
entrissen der Mutter, dem Vater und seinen Lieben,
der Herde und Heimat geraubt,

- Es ist Frühling, doch es schneit...
- Ach, wie kann man je vergessen
Den Schrecken jener Tage?
- Wer ihn je vergisst
möge auf beiden Augen erblinden.

Hirte und Hüter der Schafe
kehrten nicht von Bergen und Tälern zurück.
Wer stimmt noch am Mittag Gesang an?
- Im Gebirg' gibt es keine Schatten,
kein Mittel gegen meine Sorgen.

Der Schnitter wurde am Feldrain gemetzelt,
niedergestreckt mit der eigenen Sichel.
Was sollte die junge Witwe wohl singen?

- Ich bringe zur Mahd etwas zu essen,
Ganz offen, um alles mit anzuschauen...

Den Fischer auf dem Wansee rettet nicht
sein geschicktes Schwimmen.
Vergeblich singt seine Geliebte:
„Ich gebe mein Goldhaar dem Schwimmer..."

Es blieb niemand übrig im ganzen Land
um die Toten zu bestatten, wie die Sitte verlangt.
Ach, bliebe nur einer, der anstimmt die Weise:
„Dle jaman[11], o zärtliche Geliebte…"

Ach weh, wie kann man nur vergessen
den Schrecken jener Tage?
- Wer ihn je vergisst
Möge auf beiden Augen erblinden!

Nach der Messe brannten in der Kirche
die Leuchter fort.
Im Glockenturm an seinem Seil
hing der Glöckner.

Dem Ackerbauer, der von der Mühle
das Mehl nach Hause fuhr,
wurde der eigene Karren zum Sarg,
das Mehl zum blutigen Leichentuch.

Die Mutter sank nieder,
noch die Brust im Mund des Säuglings.
Statt der Brust rammte man ihm
einen Pfahl in den Mund.

Die Großmutter sank nieder,
als sie dem kranken Enkel
ein gackerndes Huhn
von der Stange holte.
Der Großvater starb auf der Tenne,
als er die Streu vom Weizen trennte,
um nur ja unverzüglich die Steuer
den Türken entrichten zu können.

---

11 Traditionelle armenische Volksweise über eine tragische Liebe, von
Komitas gesammelt

Wen sie beim Backen
des knusprigen Brots antrafen,
den brieten sie sogleich selbst im Ofen.

Und wer einen Wallfahrtsort erreicht und
dort eine gelbe Kerze entzündet hatte
und vor der Kerze auf die Knie sank,
um Gott um ein Kindlein anzuflehen,
der löschte die Kerze mit eigenem Blut.
Der fand keine Zeit mehr, um zu bitten:
„Herr, gib mir Vergebung!"

   -   Es ist Frühling, doch es schneit...
... erstochen und ausgelöscht,
abgeschnitten, Groß und Klein,
zerfleischt und gemartert,
zerstückelt und verbrannt,
Höhen, Täler und Auen
überströmt vom Blut und von Tränen.
So zerstörten sie ein Land himmelblau,
sie schlachteten ein Volk dahin.

Ein brotreiches Land wandeln sie
im Nu zur ärmlichen Kruste.
Heilige Hostien endeten
im Rachen von Hyänen.

Ihre Absicht war:
Nur einen einzigen Armenier zu verschonen,
um ihn im Museum anstarren zu lassen.

   -   Es ist Frühling, doch es schneit...
1959

*

Geworg Emin

Ach, unsere Mütter

Ach, unsere Mütter
so arglos und so staunenswert!
Denn was auch geschieht,
unter Jasdegert[12] oder Sultan Hamit[13],
sie ändern sich nie.

Sie wickeln den Säugling
und stillen das Kind.
Sie waschen sein Füßchen
und liegen wach.
Selbstvergessen drücken sie
das Kind an die Brust
und nennen es ihr Eigen,
wo es ihnen doch längst
entrissen ward und verschleppt,
noch ehe es auf Vaters Schoß gesessen.
Weil man es längst als Rekrut einschrieb
in ein versiegeltes Buch,
wo ihm bereits die Kugel gegossen ward,
die es dann trifft
in einer schwarzen Feindesstadt.
Ein böses Mädchen wird den Sohn bezaubern,

---

12 Der persische Großkönig Jasdegert (armenisch: Jesdigert II.; regierte 438-457) verhängte drastische Steuern und zwang den unterworfenen oder tributpflichtigen Völkern seines Reiches eine reformierte Version des altiranischen Elementenkults auf. Gegen das Religionsdiktat sowie die Verletzung bisheriger Adelsvorrechte erhoben sich unter der Führung von Wardan Mamikonjan im Herbst 449 das Volk und die meisten Adeligen Armeniens, verloren allerdings in der Feldschlacht von Awarajr (26.05.451) gegen das militärisch überlegene Persien.

13 Sultan Abdülhamit II.: In seine Regierungszeit (1876-1909) fallen die Massaker der Jahre 1894-1896 mit schätzungsweise 300.000 Opfern und 100.000 Flüchtlingen.

eine verderbliche Leidenschaft ihn befallen.
Denn von Geburt an gehört das Kind allen,
außer der Mutter, außer dem Vater...

Und deshalb das höhnische Lächeln
Tausender Besitzer, wenn eine Mutter spricht:
„Ach du, mein Kind!"

Ja, unsere Mütter hegen keinen Hass.
Arglos sind sie und staunenswert.

*

Wahagn Dawtjan

Requiem

(...)
Ich war gekommen, um zu schweigen,
ich war gekommen, um zu knien.
Um ohne Tränen zu versteinern
und nach der Rückkehr in mein kleines Land,
den Kopf geneigt auf dessen Steine
    nur dort zu weinen,
    nur dort zu trauern...

Noch immer bleibt mir unfassbar,
woher der Salzgeschmack auf meine Lippen kam...
    ach, die Gebeine,
    der Wind von Deir-es-Sor
spielte auf Kinderknochen Flöte,
und in der ruhigen Morgenröte
erklang sein unsterbliches Totenlied,
    spielte er Flöte
und malte Trug in den Azur.

Das Leichentuch, der Sand, zerriss,
und aus dem Sand ragt es empor
und schimmert blond wie Kinderhaar...
„Ach, lass uns gehen, mein Kind,
so mach doch schnell, es ist schon spät..."
„Mutter, ach Mutter,
mir tun die Füße weh,
dieser Weg ist so sandig,
dieser Weg ist so dornig,
und ich habe Durst,
habe Durst,
Durst..."
Der Wind von Deir-es-Sor
spielte auf Kinderknochen Flöte.
Das Totenlied heißt Hunger und Durst.

Ich war gekommen, um zu schweigen,
ich war gekommen, um zu knien,
um ohne Tränen zu versteinern,
    jedoch die Raben...
Was wohl noch suchen jene schwarzen Raben
in dieser öd-verlassenen Wüste,
die, wenn sie nahen, das Tageslicht verfinstern
und in der Luft so dürr und blechern schreien,
den Sand begeistert mit den Schnäbeln fetzen
und heftig flattern, fast zusammenprallen,
als ob sie sich die Beute streitig machten...

Und mir kam in Erinnerung,
wie langlebig solch schwarze Raben sind.
Jetzt sind sie aus der Ferne wieder da,
erinnern sich und wollen an Vergangenem zehren
und wiederum nach Kinderaugen hacken,
    Herzen zerfleischen

und sich laben...
Ihr Raben, so schwarz,
ihr seid umsonst gekommen...

Denn jene sind schon längst zu Staub,
schon längst zu Asche und Reliquien geworden.
Umsonst schlagt ihr daher die Flügel
auf diesem gelben, diesem schwarzen,
auf diesem uferlosen Gräbermeer.
(...)
1978

*

Ljudwig Durjan

Sonne der Geschichte

Du, Sonne, die du allein
und kenntnisreich gerechte Morgendämmerungen
schufst,
erwecktest auch den ewigen Wunsch zu leben.
Doch was hast du stattdessen gesehen!
Du sahst, Sonne, du sahst mit weit offenen Augen,
mit welcher Gier der Mensch den Menschen fraß.
Du sahst, Sonne, du sahst die dunklen Gesetze,
nach denen so viele deiner Kinder
ihr Leben lassen mussten...
Mit jedem deiner Kinder, Sonne,
hat man auch dich enthauptet, dich erstochen,
dich gemeuchelt.
So wurde mit gezücktem Schwert
die Hölle bereitet.
In deinen lichten Kindern, Sonne, hat man
auch dich enthauptet. Dir entströmte

statt Morgenröte das Blut der Opfer...
Und Knechtschaft
hielt in Schrecken,
die dich zu preisen wagten.
Die dich rühmten, erhielten das Schandmal
und wurden vernichtet, Sonne, vernichtet.
Mit der Gesetze Folter legte man
die freien Seelen deiner Kinder
voll Hass in Ketten, warf sie in Kerker.
Doch kamen weiter lichte Sonnenkinder zur Welt
und fanden ihren Raum zum Strahlen.
Mit ihnen, Sonne, kam dein Licht.
Umsonst hatten deine Kinder
nicht ihr gerechtes Blut vergossen...
In jedem Jahrhundert
sind ihre Opfer ungezählt.
Auch du, Sonne, auch du wurdest geopfert
unzählige, unzählige Male...
du, der Wahrheit ewige Botschaft,
wurdest zum Lichtstrahl im Auge der Wahrheit,
und mit dir, Sonne,
gaben lichte Sonnensöhne
ihre Lichtgedanken an die Nachkommen...
Sie wurden geopfert, sie wurden Gerechte, und so gerecht,
dass sich durch sie ein jegliches Jahrhundert reinigt.

(Aus: Arewordik [Sonnenkinder], Jerewan 1979)

Emigration, Diaspora, Heimkehr

Dauerhafte armenische Auslandsgemeinschaften – Diasporen – entstanden seit dem Einfall der mittelasiatischen Seldschuken im 11. Jahrhundert. Heute leben von schätzungsweise zehn Millionen Menschen, die sich als Armenier definieren, nur noch knapp drei Millionen in der Republik Armenien. Insbesondere im 20. Jahrhundert kam es wiederholt zu Massenvertreibungen, Flucht und Emigration im Zuge des osmanischen Genozids (1915-17), vor allem aber der Selbstauflösung der Sowjetunion. Zur inoffiziellen Hymne der Diaspora wurde die Panduchtweise *Krunk* (Kranich) aus dem 16. Jahrhundert. Als *panducht* (Wanderer) bezeichnete man sowohl Saisonarbeiter, als auch Emigranten. Der Zugvogel Kranich verkörpert ihre Sehnsucht nach der Heimat und ihre Verbundenheit mit Armenien.

Die Existenz in der Fremde wird gemeinhin als Bedrohung, als Assimilationsgefahr sowie Identitätsverlust begriffen. Wahan Tekejans *Diaspora* und Hratschja Howhannisjans *Dattelpalmstaude* (1962) veranschaulichen diese negative Sicht auf die Entwurzelung. Tatsächlich entwickelten sich vor allem in den großen Diasporen – Russland, USA und Frankreich – sowohl hybride, als auch fluide Identitäten: Frankreich-Armenier oder armenische Franzosen. Die positiven Aspekte der Diaspora-Existenz werden literarisch kaum reflektiert. Dazu gehören Impulse aus der technischen und geistigen Entwicklung der Aufnahmeländer, etwa eine sehr frühe Übernahme des Buchdrucks.

Der sowjetische Euphemismus „Repatriierung" umschreibt die staatlich gelenkte und von der Zentralregierung in Moskau nach dem Zweiten Weltkrieg geförderte Zuwanderung von Auslandsarmeniern nach Sowjetarmenien, wo nach den hohen Verlusten im Zweiten Weltkrieg Arbeitskräfte fehlten. Insgesamt wanderten im Zeitraum von 1920 bis 1973 522.240 Armenier in die Sowjetrepublik Armenien ein, davon 246.140 nicht-sowjetische Armenier. Gegenläufig erfolgte seit 1975 eine Rückwanderung vor allem westeuropäischer „Repatrianten", denen die Eingewöhnung in die sowjetarmenische Gesellschaft am schwersten fiel. Parallel zur zweiten und größten „Repatriierungs"welle 1946-49, als 100.000 Auslandsarmenier vor allem aus den Balkanstaaten (Griechenland, Bulgarien, Rumänien) und dem Nahen Osten (Libanon, Ägypten, Syrien, Iran) zuwanderten, fand die politische Verfolgung von „Repatrianten" statt: In der Nacht auf den 14. Juni 1949 wurden 13.200 vermeintliche Mitglieder der in Sowjetarmenien verbotenen sozialrevolutionären Partei *Daschnakzutjun* - i.d.R. „Repatrianten" - und „ehemals türkische Bürger" (= Westarmeniern) aus dem Südkaukasus in den Altai („Daschnaken") sowie die westsibirische Stadt Tomsk (Westarmenier) deportiert.

Während die in der Tradition Awetik Issahakjans stehende philosophische Lyrik Geworg Emins einen betont universellen Ansatz verfolgt, hat sich Emin in zahlreichen Gedichtzyklen - *Sprich, Armenien!* (1952), *Armenische Symphonie* (1969), *Buch des Heimatatems* (1970), *Der Tanz der Sassuner* (1957; 1975, 1979), *Ach, dieser Ararat* (1980), *Der Ewigkeitsreisende* (1985, 1987) - der Bestandsaufnahme und Deutung der Geschichte und Gegenwart seines Volkes zugewendet. Diese patriotische Lyrik machte ihn bei seinen Lesern sowohl innerhalb Sowjetar meniens, als auch in der Diaspora außerordentlich populär. Das Poem *Der Tanz der Sassuner* verknüpft das Thema der so genannten Repatriierung von Überlebenden des Genozids nach Sowjetarmenien mit dem Aufbruch historischer Tabus. Zwar zollt hier der Dichter vordergründig der offiziellen Geschichtsversion Tribut, wonach Sowjetarmenien zur sicheren Zuflucht für Armenier wurde, die sich aus dem Osmanischen Reich retten konnten, doch nimmt er auch die Nostalgie der Neusiedler nach ihrer unersetzbaren Heimat wahr und tröstet am Schluss mit einem vagen, dem sowjetischen Konzept des Internationalismus gegenläufigen Ausblick auf Rache und Rückkehr: „Die Berge Sassuns, hoch in den Wolken/ die Wasser Sassuns, tief in den Schluchten./ Auf jedem Berg eine Burg, ein Kloster,/ an jedem Bach ein Mühlenrad/ unter jedem Fels eine Quelle./" (...) „Tanze,/ du hast noch Träume zu leben./ Du hast deine Geschichte zu rächen./ (...) Tanze,/ bis du alle Armenier vereinst,/ und diesen Tanz/ wirst du am Massis tanzen."

Eine optimistische Sicht auf die schwierige Eingewöhnung der „Repatrianten" in die ihnen oft fremde und unverständliche Lebensweise Sowjetarmeniens kennzeichnet auch Howhannes Melkonjans anrührende Erzählung *Stacheldraht*.

Die melancholischen Gedichte *Auswanderung* und *Requiem* des populären Dichters und Barden Ruben Hachwerdjan reflektieren die Massenauswanderung von bis zu einer Million Menschen am Ende der Sowjetzeit.

Krunk – Der Kranich

Kranich, wohin? Ich möchte dich hören!
Bringst du nicht Kunde aus unserem Land?
Warte, du wirst deinen Schwarm noch erreichen!
Bringst du nicht Kunde aus unserem Land?
Betrüge nicht den, der um Nachricht dich bittet!
Es rauscht deine Stimme wie Wellen am Strand.
Bleibst du in Bagdad oder Aleppo?
Bringst du nicht Kunde aus unserem Land?

Traditionelle armenische Panduchtweise, dem Dichter Nahapet Kutschak
(16. Jh.) zugeschrieben

*

Howhannes Tumanjan

Von Kindheit an

Von Kindheit an, o Schwester,
bin ich ein Fremdling.
Losgelöst von allen Bindungen
ziehe ich in ein fremdes Land,
allein, als Emigrant.

Die Vergangenheit verfolgt mich.
Die Gegenwart lässt mir keine Ruh.
Längst sind meine schwachen Beine müde,
mehr noch ist es mein Herz.

Doch ich gehe erneut, verfolgt und verjagt,
fern von jedem Genuss und Glück,
wie ein Hirsch, vertrieben von der
Heimaterde und dem Wasserquell.

Auf meinem schweren Weg bist du mir begegnet.
Du meinst, ich hätte doch Glück.
und fliehe vergebens, klage vergebens,
quäle mich umsonst...

O ahnungslos Naive! Der Himmel sei mein Zeuge,
dass ich nie so gemein war
um glücklich zu sein
in diesem grausigen Gefängnis.

Nie war ich glücklich, Schwester!
Jeder Tag brachte Leid, Verlust und Trauer.
Des Lebens Freude und die Liebe der Frauen
blieben meinem Herzen fern.

So laufe ich verwundet davon,
vor der Trübnis kommender Tage,
Von allem angewidert, von allen verlassen,
verlasse ich auch dich...

1902

*

Wahan Tekejan

Diaspora

Die Masse wogt noch, schluchzend,
wie der Wald oder ein Meer,
doch nicht wie der Wind, der Meer
und Wald bewegt,
sondern dem vernichtenden Erdbeben gleich.

Aber diese altansässige Masse
verteilt sich nach und nach,
reist ab, breitet sich unendlich aus,
löst sich langsam auf.

Seiner Wurzeln beraubt
ist ein jeder aus unserem Volk.
Verwelkt zieht unser altes Volk umher,
das nicht mehr zu Hause leben darf.

Gott, welches Gebet soll ich dir senden,
damit du ihnen Unbeschwertheit schenkst?
Auf dass sie Ruhe finden, nicht zurückschauen,
um nicht in Rachsucht zu verglühen?

*

Geworg Emin

Tanz der Sassuner

Zur Erinnerung an Apo Galust aus Sassun

Kennst du Aschnak, das Dorf,
wo Aprikosen reifen an den Zweigen,
wo Aprikosen trocknen auf den Dächern,
wo die Herde bergan zieht,
wo man zum Mahl sitzt
auf Dächern, am Fuße des Aragaz?
Dort lädt man zum Tanz,
zieht in Scharen zum Anger,
die Mädchen gekleidet in Rot,
die Burschen gekleidet in Rot,
wenn laut die Surna schrillt,

der Trommel Dröhnen übertönt.
Dann ruft Aschnak sich zu Gast:
Schrarschik, Araktschu,
Katnabjur, Dawtaschen,
Irind und Sasnaschen:
Kommt her, denn es bleibt noch Zeit
zur Saat und zur Mahd,
lasst uns erst Sassuns Reigen tanzen!

Lass Sassun sich im Tanze drehn,
doch warte mit dem Beifall noch.
Begreife erst, was Sassun dir
mit seinem Tanzen sagen will:
ab und an angreifend vom Andok,
hin und herziehend über Fels und Berg,
einmal lachend, zehn Mal weinend...

He weh, Kind aus Aschnak,
sähest du Sassun bloß ein einziges Mal...

Die Berge Sassuns, hoch wie Wolken,
die Wasser Sassuns, tief wie Schluchten.
Eine Burg, eine Klause auf jedem Berg,
an jedem Bach ein Mühlenrad,
unter jedem Fels eine Quelle.
Wohin man auch schaut,
der Blick war gefällig,
und vom Himmel fiel Manna...
Was denn für Manna?

Das galt nur als Vorwand
ins Tal abzusteigen,
wo Sassuns Mädchen,
in züchtiger Stummheit,
den Burschen schöne Augen machen.

Da flattert dem jungen Hirten das Herz:
Stünde doch schon, bei der Ahnen Haus
sein neues Heim,
mitten im Wald, neben dem Fels,
wo zur Mutter würde die hübsche Braut,
eine neue Wiege schwänge bald
hin und her.

Ach und Weh, hohe Berge Sassuns,
Ach und Weh, geliebte Schluchten Sassuns.
Schrillt die Surna laut,
dann klingt in Sassun ihr Widerhall
von jedem Fels, von jedem Strauch.
Und donnert die Trommel laut,
dann bis zum Spätherbst ohne Ende,
an jedem Tag, in jeder Nacht.
Selbst die Felsen stürzten
polternd vom Andok zu Tal.
Dann siegte das Gute,
das Böse bliebe ohne Macht...

Doch wart ihr zu gering an Zahl,
ein Herz nur, umschlossen vom
Fels auf vier Seiten.
Das Böse behauptete seine Macht,
und du bleibst schwach,
selbst wenn du fromm betest,
selbst wenn du fromm opferst.
Das rettete dich vor dem Bösen nicht.

Und wenn auch noch Kuchen
im Backofen stak
und Gevatter und Bräutigam zechten,
bis die Mutter rief: „Gebt acht!" -
da riss aus dem Scheunenversteck

der Bräutigam seine Flinte.
Die Surna blieb im Felde liegen,
die Trommel rollte den Hang hinab.
Was armenisch gewesen, wurde zur Klage
im Schoße des Todes und im Grabe.
Doch wer lebte,
zog hinauf auf den Berg,
nahm statt der Sense die Flinte zur Hand:
einer lebend, zehn Mann fallend,
einen Hieb austeilend, zehn Mal geschlagen.
So verließen sie Sassuns
smaragdgrüne Berge,
die Dawit-Mühle und ihre Steine
und kamen an im Russen-Land.
Hier fanden sie Krieg und Mord,
hier sahen sie Ruinen und Tod.
Und übrig blieb ein Sasnaschen,
ein Basmaberd und Dawtaschen,
ein Katnarbjur und Araktschu
und ein Aschnak
inmitten von Ödland.

He, ach, ihr fetten Felder von Musch!
Doch hier siebst du erst Steine,
um Furchen zu ziehen.
He, ach, kristallklare Wasser von Sassun!
Nun schmilzt du den Schnee,
um Ödland zu tränken.
He, Geröll und Steine von Aschnak,
wie kann uns Aschnak Sassun je ersetzen?

Sie setzten Stein auf Stein,
doch der Feind riss es ein.
Sie schieden Tote und Lebende,

doch der Feind zerstörte den Bau.
Bis endlich das Blut sich wendete,
gerann und ein rotes Banner wob,
die Sichel aus der Erde stieg,
der Hammer sich vom Amboss löste
und beide, Geschwistern gleich,
als Sinnbild sich vereinten.
Da ging eine neue Sonne auf
für die Erde,
für Pflüger und Ackersleute,

bis Rauch aufsteigt
vom neuen Herd,
das Feuer lodert
im neuen Backhaus,
bis wiederum
züchtig und stumm
die Mädchen in die Felder ziehn,
um Grünzeug und Spinat zu ernten.
Dann flattert dem jungen Hirten das Herz,
wenn er den neuen Acker bestellt,
aus Artiks Tuff die Grundmauern setzt
fürs Haus, in dem die junge Braut
zur Mutter wird,
auf dass vom neuen Herd
der Rauch aufsteigt,
die neue Wiege schwingt...
Und das Gute wird währen,
das Böse verschwinden.

Und sie erkannten:
Die Verbrecher sind fort.
Und sie bemerkten:
Sie atmen nicht mehr Pulverrauch.

Und sie begriffen:
Blut fließt nicht mehr auf die Felder.
Und sie verstanden:
Es kommt der Herbst, es naht der Frühling,
doch ohne Angst, doch ohne Gemetzel.
Da breiteten sie ihr Tischtuch aus,
und die Surna erscholl, laut und schrill.
Und am Fuße des Aragaz
erwachte Sassuns Geist...

Und erneut tanzt Sassun,
stampft mit den Füßen,
schwenkt die Hände,
tanzt nun in allen Dörfern und Städten.
Die Trommel, einst Felsen dem Berg entreißend,
entreißt nun Beifall den Völkern der Welt.

Es tanzte Sassun, und die Welt war begeistert.
Es tanzte Sassun, und die Welt hat verstanden:
Wenn Sassuner Mädchen
sich anmutig bücken,
holen sie Wasser aus der Schlucht,
jäten sie Unkraut im Feld.
Dröhnt die Erde im Stampfschritt
junger Sassuner,
vertreiben die Hirten den Wolf im Gebirge.
Stieben sie auseinander,
scheint in den Bergen der Donner zu grollen.
Doch ist es der Feind,
der die Dörfer stürmt.
Schließen sie fester
die Schultern zusammen,
sind sie die fest gemauerte Burg,
vom Andok, dem Berg, vertreibend den Feind.

Erschallt dann der Beifall,
steigen sie aus dem Abgrund des Todes
ans Ufer ihres neuen Lebens...

Es tanzte Sassun, und die Welt war begeistert.
Es tanzte Sassun, und die Welt hat verstanden:
Dies ist kein Tanz bloß,
das ist eines Landes Geschichte,
wo selbst Niederlagen
noch Stolz besitzen.
Und nichts besiegt ein altes Volk,
das derart eifrig,
so voller Willen
zu tanzen vermag...

Man begriff und tat es der Welt kund:
Viva, Sassun!
Tanze, Sassun!

Tanze,
du hast noch Träume zu leben.
Du hast deine Geschichte zu rächen.

Tanze,
denn Sassuns Manna
sehnst sich nach deinen Händen,
Sassuns Ackerfurchen rufen nach dir.

Tanze,
bis alle Armenier du vereinst.
Und diesen Tanz wirst du am Massis tanzen.

1957

*

Hratschja Howhannisjan

Die Dattelpalmstaude

In meinem Zimmer steht eine traurige Palme,
unglückliches Relikt des großen Waldes,
der nicht mehr ist.
Niemand achtet ihrer Wedel, ihres Schattens,
Keiner ahnt, woher sie stammt, woher sie kommt.

Unter gleichgültigen Blicken steht sie in der Welt allein,
wo doch ihre Ahnen in Waldesdichte lebten.
Mit einem Becher stille ich ihren ewigen Durst,
wo doch der Euphrat sie einst mütterlich nährte.

Kränklicher Lampenschein zittert auf ihren Wedeln,
die einst die große Sonne mit Licht überströmte.
Die Zimmerdecke drückt sie nieder,
wo doch das Firmament ihr Beschützer war.

Rauchige Luft vergilbt ihre armen Wedel,
die vormals dürre Wüstenwinde kämmten.
Statt ferner Oasenüppigkeit blieb ihr
nur mehr ein Eimer Erde von der Welt.

Wie matte Flügel des einsam ziehenden Kranichs
sinken ihre Blätter, nutzlos, lautlos, fühllos.
In meinem Zimmer steht eine traurige Palme,
unglückliches Relikt des großen Waldes,
der nicht mehr ist.

1962

*

Howhannes Melkonjan

Stacheldraht

Aram aus Damaskus baute sich ein Haus auf der Hochebene von Schirak, ein einstöckiges mit zwei Zimmern und einer Veranda. Um das Haus herum besaß er noch einige Hundert Meter Land, auf dem er Bäume pflanzen konnte, Blumen züchten oder auch Kartoffeln setzen. Jeria Balmanukjan, sein Nachbar, fragte die altansässigen Nachbarn über die Bodenqualität aus sowie darüber, was hier wohl am besten gedieh. Sie antworteten: Kartoffeln, Weizen, Sonnenblumen, Rüben und Rote Beete. Der Tischler Jeria Balmanukjan bestellte schon im allerersten Frühjahr das Land um sein Haus, hob die Erde tief mit dem Spaten aus, eggte, legte Beete an und setzte Kartoffeln. Der andere Nachbar Aram Intschitschjans, Abraham Sulanjan aus Aleppo, baute Weizen an, um im Winter Dsawar[14] für Suppen zu gewinnen. „Im Winter Bulgur-Suppen zu kochen, ist etwas Herrliches!" Also baute Abraham Sulanjan Weizen an.

Aram Intschitschjan fragte niemanden, was er anbauen solle und was nicht. Nachdem er das Haus fertig hatte, wandte er sich schon im ersten Frühling an die Altansässigen des Viertels und fragte, wo er rostfreien Stacheldraht bekäme.

„Stacheldraht?" fragten die Neugierigen verwundert.

„Stacheldraht? Aram, was willst du denn damit anstellen?"

„Wo kann ich ihn finden? Ich brauche ganz glänzenden, rostfreien Stacheldraht! Der ist für mein Grundstück. Wofür, wofür... Das ist doch mein Grundstück, nicht wahr,

---

14 Weizenschrot (türk. Bulgur)

oder etwa nicht?"

„Ja doch, es ist deins. Der Staat hat es dir gegeben. Es gibt ja einen Beschluss, dass es dir gehört."

„Und falls es meins ist, werde ich es mit Stacheldraht umzäunen. Habe ich kein Recht dazu? Es ist mein Grundstück. Ich will es mit Stacheldraht umzäunen, damit keiner reinkommt, damit mir keiner etwas wegnimmt..."

Arams unmittelbare Nachbarn, der Tischler Jeria und Abraham Sulanjan, versuchten zu schlichten: Stacheldraht sei nicht erforderlich, sondern blamabel. Wer hätte überhaupt derartige Absichten? Würde es nicht genügen, mit einem Wall das Grundstück einzugrenzen? Aram lehnte aber nicht nur den Vorschlag Jerias und Abrahams ab, sondern beleidigte beide mit groben Worten und warnte alle übrigen Nachbarn, sich von jetzt an nicht mehr in seine Angelegenheiten einzumischen.

Als die Nachbarn erkannten, dass Überzeugungsversuche und Vorhaltungen zu nichts führten, beharrten sie darauf, dass sie die Einzäunung des Grundstücks mit Stacheldraht ablehnten. Sie seien kategorisch dagegen und würden nie dulden, dass Aram Intschitschjan Pfähle zwischen ihnen und seinem Grundstück aufstellt, die mit Stacheldraht bewehrt sind, noch dazu mit rostfreiem. Wie würde bloß das Viertel aussehen, wenn alle ihr Grundstück mit Stacheldraht umzäunten wie Aram?

Aram hatte schon die vierzig überschritten und ging auf die fünfzig zu. Wortkarg und zielstrebig hielt er an seinem Entschluss fest. Am nächsten Tag, als er morgens das Haus verließ, grüßte er weder Jeria, noch Abraham oder die übrigen Nachbarn. Brummelnd schloss er die Tür hinter sich. Als er aber gerade fortgehen wollte, hörte er von innen ein Geräusch: Die Katze kratzte an der Tür, versehentlich war sie im Haus eingeschlossen. Aram Intschitschjan war ein einsamer Mensch. Wie in der Fremde, so hatte er auch hier niemanden, keine Mutter, keine Verwandten, weder eine Frau noch Kinder. Auf der Welt war er völlig allein. Die Katze, die er zufällig vor ein paar Monaten auf dem Bahnhof verletzt zwischen den Gleisen aufgefunden hatte, war das einzige Wesen, das ihm Gesellschaft leistete. Mit seinem Taschentuch hatte er damals das blutende Bein der Katze verbunden und sie nach Hause mitgenommen. Aram teilte sein Frühstück und Abendbrot mit ihr und sprach zu seiner Katze. Er schaute ihr in die schläfrigen Augen und wurde selbst schläfrig davon. Sie schliefen im selben Bett, die Katze schnarchte leise zu Arams Füssen, und von der Wärme ihres Körpers erwärmten sich Arams Beine. Frühmorgens, nachdem die Katze erwacht war, putzte sie sich, dann sprang sie, hopps! zu Boden und begann an der Tür zu kratzen. Aram erwachte von dem Geräusch, ließ nach dem Frühstück Haus und Hof unter der Obhut der Katze und ging zur Arbeit.

Heute aber war Sonntag. Er ließ die Katze nach draußen und sagte mit mahnendem Zeigefinger zu ihr:

„Schau mal, ich rede mit dir! Geh nicht zu weit weg! Denn falls du verschwindest, ist es aus mit dir. Dann besitzt du nicht mehr mein Vertrauen. Du kommst doch bald zurück, nicht wahr?"

Wie der Frisör Hakob ihm vorgeschlagen hatte, ging Aram an diesem Morgen in Richtung des Flusses, zum Grenzposten und den Baracken der Grenzsoldaten. Hakob war dort als Frisör angestellt. Aram besuchte ihn und kehrte gegen Mittag mit dem Auto zurück, beladen mit zwei großen Rollen Stacheldraht. Er lud sie vor der Tür ab, nachdem er sich bei dem Fahrer der Grenzwache bedankt hatte, atmete tief durch und begann dann die bereits vorbereiteten Holzpfähle an den vier Ecken seines Grundstücks zu befestigen. Als Jeria und Abraham das sahen, ging sie zum Bevollmächtigten des Viertels. Bagrat, der Bevollmächtigte, kam und wandte sich an Aram: „Genosse Aram, was ist los?" wollte er wissen.

„Das ist mein Grundstück, ich will es umzäunen... Besitze ich nicht das Recht dazu?"

„Doch", erwiderte der Bevollmächtigte Bagrat. „Du bist Staatsbürger dieses Landes. Die Sowjetunion gab dir dein Grundstück. Du hast das Recht auf deiner Seite. Aber, Genosse Aram, du solltest die Pfähle ein wenig zurücksetzen, damit von der einen Seite der Genosse Abraham und von der anderen Seite Jeria Balmanukjan Zugang zu ihren Grundstücken haben können."

„Es ist mein Grundstück. Durch meinen Grund und Boden erlaube ich keinem den Durchgang", antwortete Aram. Und damit begann er, die Stacheldrahtrolle abzuwickeln. „Sollen sie sich doch einen anderen Zugang suchen."

Der Quartalsbevollmächtigte sprach lange auf ihn ein, versuchte zu überzeugen, doch ohne Erfolg. Aram beharrte auf seinem Standpunkt. Er rammte die Pfähle ein, spannte den Stacheldraht, und am Abend, als er die Arbeit beendet hatte, ging er ins Haus, um mit seiner Katze allein zu bleiben.

„Nun sind wir allein, mit niemandem haben wir was zu schaffen und keiner stört uns!"

Nach dem Einzäunen machte es Aram Intschitschjan nicht wie alle übrigen repatriierten Nachbarn. Er baute nichts in seinem Grundstück an. Die oberste Erdschicht hob er auf Spatentiefe aus und häufte die Erde vor dem

Zauneingang auf. Von dort transportierte er sie eines Sonntags in die nahe gelegene Schlucht, wo die Frühlingsflut floss. Das schäumende Hochwasser trug Arams Erde mit sich fort. Die zweite Erdschicht war völlig sauber. Kein Fuß hatte sie je betreten, kein Pferdehuf berührt, kein Samenkorn. Weder hatte der Regen diese Erdschicht getränkt, noch hatte sie der Hagel geschlagen. Der Sonnenschein war nicht zu ihr vorgedrungen, und niemals hatte Schnee sie bedeckt. Das war die Ur-Erde, die Ur-Ur-Erde. Die Erde Arams.

Aram Intschitschjan kam 1907 zu Welt, ungefähr um diese Zeit herum. Das genaue Geburtsdatum ist ungewiss. Diese Erde seines Grundstücks hatte kein anderer Fuß als der Arams je betreten. Aram war gebürtig aus der Stadt Trabzon[15], wo die runden Blätter des Feigenbaumes im weichen und warmen Atem der Winde vom Schwarzen Meer üppig gediehen. Obwohl Aram damals noch ein Kind war, erinnert er sich bis heute an die Farbe der Feigenblätter. Die Stadt Trabzon ging unter die Erde, und unter die Erde gingen auch Arams Mutter, der Vater und sämtliche Verwandten... Aram blieb allein zurück, ganz allein auf der Welt. Das Wasser und die Flut trieben ihn fort... Aram wachte auf und befand sich in der Wüste. Damaskus war eine Oase, die er erreichte.

Aram erzählte.

Die Katze hörte zu, die Augen öffnend und schließend, vielleicht war sie schläfrig. Bestimmt war sie schläfrig, denn Arams Erzählung war lang und traurig, manchmal auch langweilig. Was ging es sie an, was Trabzon war oder was die Wüste? Was kümmerte es sie, dass die Stadt Trab-

---

15 griech. Trapesunta (Trapesus); Hauptstadt des Pontosgebiets an der Südküste des Schwarzen Meeres (Türkei).

zon unter die Erde ging? Aram log, denn die Stadt Trabzon war niemals unter die Erde gegangen. Aber Damaskus ist tatsächlich eine Oase in der Wüste, was wahr ist, ist wahr. Bereits im Kindesalter musste Aram Schwerstarbeit leisten. Sieh bloß, Miez, wie kleinwüchsig er ist, die Schultern vorgeneigt und das Gesicht verzerrt. Aram hatte nie einen Spiegel im Haus gehabt, auch hier im neuen Haus besaß er keinen. Aram wusste, dass er, um nicht allein zu bleiben, entweder seine verschollenen Verwandten suchen musste oder heiraten und eine Familie gründen... Aram wusste das alles. Als er noch in der Stadt Damaskus lebte, ging er an einem Herbsttag, einem sonnigen Tag, an den er sich gut erinnert, in das Haus eines Arabers, um ihn um die Hand seiner Tochter zu bitten. Das Mädchen hatte er zuvor gesehen, und sie hatte ihm gefallen. Aram war ein Mann von Ehre, und der Araber erwies ihm Ehre, bevor er fragte:

„Menschenskind, hast du keinen Vater, der zu mir nach Hause kommt, um für dich eine Braut zu werben?"

„Ich habe keinen Vater", erwiderte Aram. „Er wurde ermordet."

„Menschenskind", fragte der Araber, „hast du keine Mutter, die zu mir nach Haus kommt, um eine Braut zu werben?"

„Ich habe keine", erwiderte Aram. „Meine Mutter wurde getötet, als ich acht Jahre alt war."

„Menschenskind", fragte der Araber, „hast du denn keine Geschwister? Sie hätten meine Haustür geöffnet..."

„Ich habe keine", antwortete Aram. „Meine Geschwister wurden getötet."

„Menschenskind", fragte der Araber, „hast du keine Vaters- oder Mutterbrüder? Sie wären zu mir ins Haus ge-

kommen, um für dich eine Braut zu werben."
„Ich besitze keine", antwortete Aram. „Meine Onkel wurden ermordet."

„Menschenskind", fragte der Araber. „Hast du überhaupt keine Verwandten, wenn auch bloß entfernte?"

„Ich habe keine", entgegnete Aram. „Meine ganze Verwandtschaft, selbst die entfernteste, wurden ermordet."

Der alte Araber schwieg eine Weile, dann fragte er wiederum: „Aber Freunde, Bekannte?"

„Ich habe keine", antwortete Aram, „in der Fremde findet man keine Freunde. Jeder ist für sich, allein und hilflos."

„Menschenskind, hast du ein Haus, du, der du gekommen bist, um die Hand meiner Tochter zu bitten? Wenn sie durch diese Tür geht, welche Tür soll sie dann öffnen?"

„Ich habe kein Haus. Mein Haus ist geraubt worden."

„Menschenskind", fragte der Araber, „besitzt du unter dieser Sonne eine Heimat?"

„Ich habe", erwiderte Aram, „eine Heimat, weit, sehr weit entfernt."

„Gut", sagte mit langem Seufzer der Araber, „wie ich sehe, besitzt du auf der Welt nur eines, eine Heimat, und die ist, wie du sagst, sehr weit entfernt von hier... Du besitzt keinen Vater, keine Mutter, keine Geschwister, keine Onkel. Du hast keine Verwandten, nicht einmal weit entfernte. Du hast keine Freunde, keine Bekannten. Du hast kein Haus. Du hast kein Haus, damit ich weiß, welche Tür meine Tochter öffnet, um hinein zu gehen. Das Haus, sagst du, ist dir genommen worden. Du hast nur eine Heimat, weit weg von hier, und sonst nichts. Du Menschenskind, sag mir, wie soll ich die Hand meiner Tochter in deine Hand legen? Nein, nein! Wenn du dein eigenes Haus hast, wenn du beides besitzt, Heimat und Haus, dann hast du Mutter und Vater, Geschwister, Onkel, Verwandte nah und fern. Dann hast du Freunde und Bekannte, dann hast du alles, und dann, nur dann, du Menschenskind, dann kannst und dann magst du in mein Haus eintreten oder in ein anderes Haus und um die Hand meiner oder einer anderen Tochter bitten!"

Die Katze war längst eingeschlafen. Sie hörte nicht mehr zu, und Aram empfand tiefen Schmerz: Warum gab es kein einziges Lebewesen, Mensch oder Katze, dem er erzählen konnte, wie er mit hängendem Kopf aus dem Haus des Arabers kam und beschloss, nie wieder ans Heiraten zu denken oder an eine Familie, sondern allein zu leben, fern von Menschen, ohne Freunde, ohne Bekannte, wie ein Wüstendorn unter der sengenden Sonne, in den gelben Wüstenwinden.

Ein Mensch, ein Mensch, ein Mensch...

Und Aram überließ zu dieser späten Stunde das Haus der schlafenden Katze, öffnete die mit Stacheldraht umflochtene Klinke des Stachelzaunes und ging durch die engen Gassen des Viertels, bis er das Haus des Frisörs Hakob erreichte. Dort klopfte er an die Tür.

Der Frisör war zu Hause.

„Ei, grüß Gott, sei tausendfach gegrüßt!"

Er lud ihn ein. Drinnen war es hell, der Frisör merkte schnell, dass sein Nachbarn durcheinander war, seine Augen gerötet waren und seine Brust sich hob und senkte.

„Was ist geschehen, Bruder Aram?" fragte Hakob. „Bist du krank? Was ist los?"

„Nichts Besonderes. Bitte schneid mir die Haare..."

Tatsächlich waren Arams Nackenhaare lang. Der Frisör zog den Stuhl in die Mitte des Raumes und machte sich an die Arbeit. Aram aber lenkte das Gespräch in die Zeit, als er in Damaskus war und an einem Herbsttag, einem sonnigen Tag, wie er sich erinnerte, in das Haus eines Arabers trat, um ihn um die Hand seiner Tochter zu bitten, die er zuvor gesehen hatte...

Der Frisör erzählte Arams Geschichte dem Jeria, der sie dem Abraham weitererzählte, und dieser dem Bevollmächtigten Bagrat, der sie den Einwohnern des Viertels mitteilte... Alle wussten jetzt, wie in der Stadt Damaskus, an einem herrlichen Sonnentag...

An einem Herbsttag, es war ein guter sonniger Tag, kleideten der Frisör Hakob, die unmittelbaren Nachbarn Arams, Jeria und Abraham, und der Bevollmächtigte Bagrat sowie noch ein paar weitere Nachbarn und Freunde Aram Intschitschjan ganz wie einen Bräutigam, nahmen ihn in ihre Mitte und zogen Hand in Hand zum Haus des Jeria, am Ende des Stadtviertels. Jeria, der wie alle Einwohner des Viertels Arams Geschichte von dem alten Araber kannte, empfing die Gäste mit einem Lächeln. Wie der Araber aus Damaskus, war auch Jeria ein Mann von Ehre und Tradition. So hatte er zuvor den Tisch gedeckt, und er lud Aram und seine Begleiter ein. Als alle zu Tisch saßen, wandte er sich an Aram und sprach:

"Du Menschenskind, ich sehe, dass du jetzt alles auf der Welt hast: Du hast eine Heimat, du hast ein Haus. Du hast Schwester, du hast Bruder. Du hast Onkel. Du hast Verwandte, du hast Freunde. Du hast dein eigenes Haus. Nimm die Hand meiner Tochter..."

Bis Mitternacht blieben sie im Haus des Jeria. Um Mitternacht, bei Vollmond, gingen die Gäste auseinander und nach Hause. Aram Intschitschjan machte sich ebenfalls auf den Heimweg. Im Mondschein war weiß und nebelig der Stacheldrahtzaun zu sehen, der Arams Grundstück von der großen Welt trennte. Aram blieb eine Weile nachdenklich stehen, dann krempelte er die Hemdsärmel auf und löste den Stacheldraht von den Pfosten.

1971

*

Ruben Hachwerdjan

Auswanderung

Meine Freunde verlassen uns,
und das zum wievielten Mal?
Die Einladung zum Abschiedstag
vergessen sie.

Meine Freunde entfernen sich,
klammheimlich, als trügen sie
versteckte Schätze eines Toten
aus dem Haus.

Meine Freunde entfernen sich,
um niemals wiederzukehren.
Ihre Gesichter entschwinden,
sie existieren schon nicht mehr.

Noch hallen ihre Stimmen nach,
in der Kindheit leuchtenden Farben.
Auf ihren unendlichen Straßen
scheinen sie nach mir zu rufen.

Meine Freunde entfernen sich
gleich einem aufgescheuchten Schwarm.

Der Schmerz ihres Nichtseins
verliert mit der Zeit seine Schärfe.

Der Schmerz, der dadurch entstand
und unausweichlich entstehen musste,
als unsere traumschöne Heimat
aus einer zu kleinen Fläche emigrierte.

Requiem

Nun ist es Spätherbst.
Im feucht-kalten Garten
stöbert ein alter Hund.

Das endlich ermüdete
Karussell erinnert
verrostend an meine Kindheit.

Das glückliche Lachen
ist nun breites Grinsen.
In meiner Kehle steckt die raue Stimme
gleich einem verwirrten Vogel im dunklen Himmel.

Ein greiser Vagabund mit gegerbtem Gesicht
schaut mich an und durch mich hindurch.
Im Spiegel erkenne ich mich verformt
durch das verdammte Leben.

Ich habe das schmutzige Leben gekostet,
habe gelebt wie du: ohne Obdach, verwahrlost.
Wir sind Geschwister, gewärmt
von derselben Herbstsonne.

Es ist Spätherbst.
Ich entsinne mich noch
meiner verrückt-sinnlosen Kindheit.

Es ist Spätherbst.
Ich erinnere mich noch deiner,
du mein flüchtiges Glück,

als die Liebe unser war,
als sie uns beherrschte,
als die Stadt uns gehörte,
unsere Stadt uns gehörte.

Du, alter Vagabund, geh nicht fort,
bleib doch stehen.
Bleib an meiner Seite.
Mir scheint, als ob ich du wäre.
Komm, lass uns zur Seite gehen,
ich will dir erzählen
von meinem obdachlosen Leben.

Doch liebe ich das Leben
in dieser verlassenen, dunklen Stadt,
wo man sich noch meiner erinnert,
wo sie noch meine Lieder singen.

Es ist Spätherbst.
Ich erinnere mich deiner noch,
du, mein kurzlebiges Glück.

Was ich habe und nicht mehr besitze
bewahre ich in dieser Stadt,
wo ich mit eigenen Worten singe,
was ich erlebt und was ich geträumt,

in dieser Stadt, die immer noch wartet
auf ihre verlorenen Kinder und selbst
im Todeskampf vertraut auf deren
verspätete Rückkehr.

Deine Kinder, die dich einst verließen,
sie kehren eines Tags zurück,
denn ohne Zweifel unerträglich
war ihr Leben in der Fremde.

*

Warand

Der Sänger

Armenischer Sänger im Night Club,
Mein Freund mit den schwarzen Augen,
wie mich deine Lieder bewegen,
die mir dein Leid anvertrauen ...

Manchmal ertönt Armenisch,
dann "La Boheme", sanft und schlicht,
dein Französisch, lieber Armén,
klingt wie ein schönes Gedicht ...

Und ich denke an dein Weinen,
das Zittern deiner Hand,
als du an jenem Abend
den Tod von Hasmik hast erkannt.

Und doch hast du weiter gesungen
gelächelt, die ganze Nacht,
trotz deiner mannhaften Tränen
hast du uns Freude gebracht ...

Dies ist das Leben des Sängers,
ungeachtet der eigenen Plagen
den andern stets Freude zu bringen,
und ein selbstloses Leben zu wagen.

Du heimatloser Sänger,
mit freundlichem Lächeln begabt,
aufrichtiger Spross deines Volkes,
den es hier in den Night Club verschlug ...

*

Liebe:
„... unwiderruflich dem Tod verfallen"

Liebe gehört zu den zeitlosen Themen von Dichtung. Doch vor allem in der Prosa ist der Blick auf sie sehr zeitabhängig. Das zeigen die dem kritischen Realismus zuzurechnenden Erzählungen von Grigor Sohrap und Jeruchan. Der einflussreiche armenische Politiker G. Sohrap war seit 1882 als Anwalt tätig, lehrte ab 1883 Recht an der Konstantinopler Universität und verteidigte armenische sowie andere politische Angeklagte, bis ihm wegen seines politischen Engagements die Berufsgenehmigung entzogen wurde. 1908 im Exil in Paris, kehrte er nach der jungtürkischen Revolution nach Konstantinopel zurück, wurde im selben Jahr als einer von zwei armenischen Abgeordneten für Konstantinopel in das osmanische Parlament gewählt und gehörte zum Präsidium der 80köpfigen Armenischen Nationalversammlung. 1911 trat er der im selben Jahr gegründeten osmanischen liberalen *Freiheits- und Einigkeitspartei* [16] bei. Im Parlament hielt er auf Osmantürkisch auch Reden für armenische Abgeordnete der Partei *Daschnakzutjun*, die selbst des Türkischen nicht mächtig waren.

Wie die meisten seiner Landsleute unterstützte Sohrap zunächst das neue Regime und war Mitbegründer des Osmanischen Verfassungsklubs, auf dessen Gründungsveranstaltung er erklärte: „Unsere gemeinsame Religion ist die Freiheit." Der Begeisterung folgte nach den Massakern in der kilikischen Provinz Adana im April 1909 eine schnelle Ernüchterung und Sohraps öffentliche Kritik an

---

16 Siehe Fußnote 8.

den Jungtürken. 1911 schickte er dem osmanischen Regierungschef ein Memorandum, das die jungtürkische Regierung dazu aufrief, die Methoden des Sultans Abdülhamit II. aufzugeben.

Internationale Anerkennung als kompetenter Strafverteidiger erfuhr Sohrap durch seine Verteidigungsschrift in der Dreyfus-Affäre, für die sich das *Comité Juif* mit einem Schreiben sowie mit einer Goldmedaille bedankte. G. Sohrap verfasste Lyrik und journalistische Essays, trat aber vor allem 1909 bis 1911 mit drei Sammlungen realistischer Novellen hervor. Als Publizist gab er gemeinsam mit H. Assatur 1892-93 die Literaturzeitschrift *Massis* und 1898 die gleichnamige Zeitung heraus. Obwohl sich Sohrap als persönlichen Freund von Innenminister Talat betrachtete, wurde der kritische Politiker und erfolgreiche Autor am 20. Mai 1915 festgenommen und Ende Juli 1915 gemeinsam mit dem armenischen Abgeordneten Wardges Serenguljan (1871-1915) von Aleppo nach Diyarbekir deportiert, wo beide vor ein Militärgericht gestellt werden sollten. Auf dem Weg dorthin wurden sie am 25. August 1915 (2. August alten Stils) „auf Befehl der Regierung"[17]

17 Laut dem US-armenischen Genozidforscher Vahakn Dadrian war Ahmet "der wichtigste Helfer des Gouverneurs von Van, Cevdet, während der Kampagne zur Vernichtung der Armenier in dieser Provinz. Er diente später unter dem Statthalter von Diyarbakır, Dr. Reşit." – Einer Anordnung des Innenministers Talat folgend, verurteilte ein osmanisches Kriegsgericht Ahmet und Halil. Talat entledigte sich damit zweifelhafter Mitwisser. V.N. Dadrian zitiert in diesem Zusammenhang den Oberbefehlshaber des osmanischen Flottenministers Cemal, General Ali Fuad Erden, der über diese Hinrichtung äußerte: „'Es ist hart, Vollstreckern und Mördern verpflichtet zu sein ... diejenigen, die man zur Erledigung von Schmutzarbeiten verwendet, werden in Notlagen gebraucht, [um] die Verantwortung auf sie abzuwälzen. Es ist jedoch erforderlich, solche Personen nicht zu glorifizieren, sondern sich ihrer wie Toilettenpapier zu entledigen, wenn sie ihre Aufgabe erfüllt haben.' Talat soll seinerseits, als er das Militärgericht einberief und das Urteil anordnete, gesagt haben: 'Seine [Ahmets] Liquidierung ist auf jeden Fall erforderlich. Sonst wird er sich später als äußerst schädlich erweisen.'" Vgl. Dadrian, Vahakn N.: The Executions of Some of the Arch-Perpetrators of the

durch Briganten unter Führung von Leutnant Halim und Major Sirozlu Çerkez Ahmet („Ahmed der Tscherkesse") in der Schlucht Karaköprü („Schwarze Brücke"; auch: Şeytanderesi – „Teufelsbach") im Umland von Urfa brutal ermordet. Wie das deutsche Konsulat zu Aleppo berichtete, hatten die beiden Abgeordneten ihren gewaltsamen Tod erwartet und folglich ihre Testamente beim Konsulat hinterlegt.[18] Appelle an die deutsche Botschaft zu Konstantinopel, sich für Sohrap und Serenguljan einzusetzen, wurden dort mit Verweis auf das anhängige Verfahren gegen beide zurückgewiesen.[19] Ein osmanisches Militärgericht zu Damaskus verurteilte Halil und Ahmet für die Ermordung der beiden Abgeordneten zum Tode, um nach Ansicht des armenischen Genozidforschers Vahagn Dadrian die Spuren zu den eigentlich verantwortlichen Hintermännern zu verwischen.[20]

Sohraps Erzählung *Die Schlampe* schildert das zeittypische Schicksal der schönen Tigranuhi, einer jungen Frau aus der Provinz Bursa, die von einer wohlhabenden Armenierin aus Konstantinopel für deren Sohn in Dienst genommen wird. Verführt und geschwängert, wird sie jedoch entlassen. Als ihr Sohn im Alter von vier Jahren stirbt, bleibt die Pflege von dessen Grab Tigranuhis einzige Freude.

Der in der Tradition des armenischen Realismus der 1880er Jahre stehende Lehrer, Journalist, Prosaautor und

Armenian Genocide by the Ittihadists and Kemalists, 1915-1926, 2 [veröffentlicht am 2. und 3. November 2000 in der türkischen Zeitung „Yeni Gündem"]. -- http://www.zoryaninstitute.org/docs/The%20Executions%20of%20Some%20of%20the%20Arch.pdf

18 http://www.armenocide.net/armenocide/armgende.nsf/$$AllDocs/1915-08-11-DE-004

19 http://www.armenocide.net/armenocide/armgende.nsf/$$AllDocs/1915-08-11-DE-004

20 Vgl. Fußnote 17

Romanschriftsteller Jeruchan war seit 1890 als Übersetzer im Redaktionskollegium der Zeitschrift *Arewelk* („Orient") tätig und veröffentlichte dort seit 1891 bis zu seiner Auslandsflucht nach Bulgarien (1896) zahlreiche Kurzgeschichten über das Leben einfacher und armer Menschen in seinem Geburtsort Hasköy (Beyoğlu) bei Konstantinopel, vor allem der Fischer, Fischhändler und Lastenträger; darüber hinaus trat er als Autor zweier Romane hervor. Aus Ägypten, wo er ab 1904 in Alexandria und Kairo Zuflucht gefunden hatte, kehrte er nach der jungtürkischen Revolution nach Konstantinopel zurück, setzte seine schon im Exil begonnene Lehrtätigkeit an armenischen Gymnasien fort und übernahm den Posten des Chefredakteurs des *Arewelk*. 1913 zog er mit seiner Familie in die Provinz, wo er zum Direktor einer armenischen Schule in Mezire (Mamuret ül-Aziz, heute Elazığ) berufen wurde.

Im April 1915 wurde Jeruchan festgenommen und tagelang im Stadtgefängnis gefoltert, bevor man ihn und seine Leidensgefährten gefesselt vor die Stadt führte und dort erschoss. Jeruchans Frau und seine beiden Kinder wurden auf dem Todesmarsch nach Dayr az-Zawr (Der-es-Sor) ermordet.

In seiner Kurzgeschichte *Die Wäscherin* verlieben sich die arme Halbwaise Surbik und der Fischer Howsep. Als Howsep kurz nach seinem Heiratsantrag ertrinkt, verliert Surbik den Verstand vor Schmerz.

Komitas

Es ist Frühling

Es ist Frühling, doch es schneit.
Way, le, le, way, le, le
Way le, le, way, le, le!

Meine Liebste ist zu mir kalt.
Verstummen sollen, liebste Freundin,
der Menschen Lästermäuler.

Der Wind geht scharf,
mir brennen Leber und Lunge.
Geliebte, mein Sehnen blieb unerfüllt,
weil du mir die Liebe verwehrst.

*

Grigor Sohrap

Die Schlampe

1.

Nach 15 tägigen Bemühungen war es der Haddscha[21] Tjurik, der Vermittlerin von Dienstmädchen, endlich gelungen, die gewünschte Aufwärterin für Frau Surbik[22], Gattin des Rasar aus Kayseri und eine der reichsten Frauen von

---

21 Im Orient führen auch Christen den arabischen Ehrennamen Hadschi bzw. Haddscha, nachdem sie eine Pilgerreise unternommen haben, im Fall der Christen nach Jerusalem.

22 Der Name stellt die Verkleinerungsform von „surb" (heilig) dar und ironisiert die sich im Handlungsverlauf zeigende Frömmelei und Scheinheiligkeit der Trägerin.

Kadıköy[23], zu finden. Die Haddscha, eine Frau aus Partisak[24], war zu ihrer Zeit selbst als Dienstmädchen, Amme, Wäscherin und Köchin tätig gewesen, je nach Bedarf. In den armenischen Häusern von Polis[25] hatte sie sämtliche Dienststellungen durchlaufen und ihre jetzige unabhängige Position dank der ihr zugeschriebenen Sittsamkeit erlangt. In sämtlichen Häusern hatte Haddscha Tjurik, noch bevor sie nach Jerusalem gepilgert war und somit zur Haddscha wurde, als wahrhaftige und vollkommene Bedienstete alle, vom Hausherrn bis zum Hausdiener, aus nächster Nähe kennengelernt, wenn Jung und Alt sie fast ausnahmslos in Abwesenheit der Hausherrinnen hier und da in den Zimmern begrapscht hatten, auf Treppen, hinter Türen und manchmal in den Ecken der Küchen. In vielen Häusern hatte sie so die Eifersucht der Hausherrinnen auf sich gezogen, ohne sich freilich je zu beklagen.

Vieles hatte sie in eigener Person erlebt und mehr noch in ihrem Umfeld. Ihre schmale, interessante Nase roch die Verderbtheit, und mit ihrem scharfen Gehör erlauschte sie hinter den Türen auch die leisesten Gespräche.

Sie war bereits eine reife Frau, als sie mit den erhaltenen Geschenken und einem aufgestockten Monatsgehalt nach Jerusalem aufbrach – ob zur Wallfahrt oder Buße sei dahingestellt. Nach ihrer Rückkehr verzichtete sie auf die weitere Arbeit als Dienstmädchen, machte sich selbständig und vermittelte Dienstmädchen für Häuser, die danach suchten. Sie wurde Vermittlerin. Sie war erfolgreich,

---

23 „Richterdorf", ursprünglich die griech. Siedlung Chalcedon, Bezirk der osmanischen Hauptstadt Konstantinopel.

24 Von Armeniern bewohnte Kleinstadt (ca. 10.000 Einwohner), 20 km von Nikomedia (Izmit) entfernt; benannt nach der gleichnamigen Ortschaft Partisak bei Sebastia (Sivas); Ferienort der armenischen Intellektuellen von Konstantinopel.

25 Armenische Kurzform für Konstantinopel (Westarmenisch: Bolis)

weil sie schlagfertig und umgänglich war und Skandalge-schichten über die Dienstherrschaft zu erzählen wusste. Alle waren mit ihr zufrieden. Nur sie war in der Lage, geeignete Dienstmädchen zu finden: Die von ihr vermit-telten Mädchen blieben jahrelang auf ihrem Posten. Die angesehenen, reichen Häuser wandten sich an sie. Ihre Kunden brüsteten sich damit, sie als Vermittlerin zu ha-ben:

„Unsere Vermittlerin ist Haddscha Tjurik!"

„Unsere auch!"

Die Haddscha war so etwas wie ein Spiegel für die arme-nischen Frauen. Eben aus diesem Grund hatte sich Frau Surbik an sie gewandt, um neben der schon lange bei ihr tätigen Mariam noch ein weiteres Dienstmädchen einzu-stellen, dessen erwünschte Eigenschaften sie der Vermitt-lerin genauestens beschrieb:

„Vor allem soll sie hübsch aussehen! Es macht nichts, falls sie anfangs der Aufgabe noch nicht gewachsen ist. Bei uns wird sie bald lernen, was zu tun ist. Sie hat ja nicht viel zu tun. Sie soll das Zimmer meines Sohnes Onnik auf-räumen, seine Kleider reinigen. Und das muss ich hinzu-fügen: Ich will keine Tochter im Hause haben!"

Um ihre Absicht, dass sich das künftige Dienstmädchen nur auf das Aufräumen und die Kleiderreinigung von On-nik beschränken sollte, zu unterstreichen, fügte sie hinzu:

„Ich brauche kein verhätscheltes und raffiniertes Ding! Du versteht mich, Haddscha? Falls du mich zufrieden-stellst, bekommst du mehr als dein übliches Vermitt-lungsgeld!"

„Ich verstehe, meine Tochter!"

Die Vermittlerin war eine erfahrene Frau. Sofort wandte sie sich an alle möglichen, fragte, suchte, aber die von ihr ausfindig Gemachten erfüllten nicht die Bedingungen, die Frau Surbik gestellt hatte. Es mangelte durchaus nicht an schönen Dienstmädchen, aber sie waren zu erfahren und zu verhätschelt und durchtrieben genug, um dem alten Ehemann von Frau Surbik den Verstand zu rauben. Was Frau Surbik vorschwebte, war ein naives Ding, und ein solches zu finden, war in Konstantinopel nicht einfach. Also machte sich Haddscha Tjurik eigens auf den Weg nach Izmit, Bahçecik, Arslanbek, Adapazarı. Schließlich war sie an allen Orten gewesen, aus denen üblicherweise Dienstmädchen exportiert wurden, und nach vielen Mühen, bei Tagesanbruch an einem Mittwoch, präsentierte sie triumphierend Frau Surbik das am selben Tag aus einem Dorf bei Bahçecik mitgebrachte, kaum 18jährige Dienstmädchen.

Frau Surbik prüfte den Neuankömmling, der grüßend in der Tür stand, von Kopf bis Fuß. Im Gegensatz zu deren hässlichem Leinenrock fand sie sie sehr anmutig, zumal sie sich auch sehr schnell mit der Vermittlerin über das Monatsgehalt von sieben Piastern[26] sowie zwei Kleidern im Jahr einigte, nicht gerechnet die von Frau Surbik abgelegten Kleider, die sie ihr zusätzlich schenken würde, falls sie mit ihrem Dienst zufrieden sei. Um sofort mit der Arbeit zu beginnen, gab sie ihr ein ordentliches und sauberes Kleid, band ihr eine weiße Schürze um, nahm ihr das zarte Kopftuch weg und frisierte ihr das Haar zu einer ansehnlichen Frisur. In solch knappem Putz kam die Schönheit des Dienstmädchens ordentlich zur Geltung. Ihre Taille war nicht dünn, aber entsprach der Körpergröße. Obwohl sie

---

26 Silbermünze

vom Land stammte, wirkten ihre großen schwarzen Augen in dem blassen ovalen Gesicht, unter hochgewölbten Brauen manchmal hochmütig. Ihre wie mutwillig hochgezogenen Mundwinkel erschienen unwiderstehlich kokett und ließen die blutleeren Lippen vergessen. Keiner erkennt wie die Frauen das Maß der Schönheit. Die Schönheit ist die einzige Wahrheit, die Frauen nicht zu leugnen vermögen, selbst wenn es sich um eine Gegnerin handelt. Zu oft habe ich üble Nachreden und Gerüchte über verheiratete Frauen gehört. Ob nun zutreffend oder nicht, so erstaunt doch die tiefe Ehrlichkeit der Klatschbasen und bezeugt zugleich den Gerechtigkeitssinn der Erzählerin: „All das ist wohl wahr, aber diese Schlampe ist einfach hübsch!"

Frau Surbik war also mit dem neuen Dienstmädchen einverstanden, erteilte ihr die Anweisung, stets vernünftig zu bleiben, bestimmte, was sie zu tun hatte und wie sie sich benehmen sollte.

Als sie erfuhr, dass Tigranuhi eine elternlose Waise war und soeben geheiratet hatte, und weil Frau Surbik Kuratorin im Krankenhaus war und wie ihr Gatte den Ruf besaß, gottesfürchtig zu sein, schwatzte sie ein wenig auf die übliche Art: „Ich halte meine Diener wie meine eigenen Kinder! In anderen Häusern gibt man denen Brunnenwasser, du weißt es genau, Haddscha! Ich aber gebe Quellwasser. Das Essen erfolgt in der Küche. Falls es dir nicht bekommt, informiere mich unbedingt! Ein Koch, der den Dienstboten das Essen vorenthält, so was gefällt mir gar nicht, das muss ich schon sagen. Nach dem Essen bleib nicht in der Küche, du solltest nicht mit den männlichen Dienern diskutieren. Hast du verstanden, meine Tochter? Nun geh, damit dir Mariam deine neue Aufgabe zeigt!"

Milch und Honig flossen gleichsam aus Frau Surbiks Mund. Tigranuhi fühlte sich glückselig.

2.

Am nächsten Tag wachte Tigranuhi früh auf. Durch das Fenster strahlte die Sonne, schien genau auf ihr Bett und das nackte Weiß ihres Halses und ihrer Arme und verbreitete Frohsinn im ganzen Zimmer. Im Bett sitzend, dachte sie über die Ereignisse nach, die seit zwei Tagen ihr Leben so verändert hatten.

Im Dorf hatte sie, so lange sie denken konnte, bei ihrer Tante gelebt, bis zu ihrer Hochzeit. Sie erinnerte sich nur sehr undeutlich ihrer Mutter, als sie jung war. Im Laufe der Zeit verlor die Erinnerung ihre Konturen, wie eine alte Fotografie. Den Vater hatte sie gar nicht kennenglernt. Im Haus ihrer Tante galt sie halb als Dienstmädchen, halb als Verwandte, immer schuftend, wie sie sich ausdrückte, um ihre Verwandte nicht mit ihrem Lebensunterhalt zu belasten. Sie wäre gern dortgeblieben, wenn nicht die beiden Töchter der Tante ihr das Leben zur Hölle gemacht hätten. War es etwa ihre Schuld, dass sie schöner als jene war? Die Schönheit war jedenfalls ihr Feind, und sie bereute ehrlich, schön zu sein.

Im Dorf hatten sich mehrere Jungen für sie interessiert und Tag und Nacht ihre Augen nicht von ihr lassen können. Sie priesen die Schönheit ihres Wuchses und ihre langen, blonden Haare, die ihr bis zur Taille reichten, und flüsterten ihr ins Ohr. Sie glaubte solchen Komplimenten nicht, aber die Nachstellungen störten ihre Ruhe, wie ein Kiesel, den man ins stille Wasser wirft. Vor allen übrigen waren die Töchter ihrer Tante stets zu übler Nachrede bereit. Gerade zu jener Zeit kam ein junger Arbeiter, der mit Mühe sein täglich Brot verdiente, um sie zu freien. Tigranuhi war 18 Jahre alt, was auf dem Land bereits als überschrittenes Heiratsalter galt. Zudem musste sie das Haus der Tante verlassen, die ohnehin die Absicht hatte, sie wegzuschicken und allzu gern in den Heiratsantrag einwilligte. Und so zog sie eines Tages als Braut in ein fremdes Haus, in dem auch die Eltern des Bräutigams weiterhin wohnten. Viel hatte sie von der Hochzeit nicht gehabt. Nach acht Tagen kehrte ihr Ehemann zu seiner Arbeit als Steinkohle-Grubenarbeiter zurück und kam erst einen Monat später zu seiner Frau, um gleich am nächsten Tag wieder zur Grube zurückzukehren und unsichtbar zu werden. Die junge Frau war ebenfalls stark beschäftigt; wie Polartage, die nie ein Lichtstrahl auch nur eine Minute erhellt und erheitert, blieb ihr Leben bang und düster.

Eines Tages wurde ihr Ehemann unerwartet nach Hause gebracht, mit gebrochenem Bein und zu monatelanger Untätigkeit verurteilt. Das war der Tiefpunkt ihres Jammers. Ach, hätte sie nur ein Kind gehabt! Dann könnte sie als Amme nach Polis gehen und Geld verdienen, um ein eigenes Haus zu kaufen. Aber so war es nicht gekommen, und ihre Schwiegereltern warfen ihr ihre Kinderlosigkeit als Versagen vor.

Genau zu dieser Zeit erschien Haddscha Tjurik, um sie nach Polis mitzunehmen. Sowohl der Ehemann, als auch die Tante stimmten zu. Tigranuhi selbst sah in dem Ganzen eine Art Befreiung. Die Vermittlerin hörte nicht auf, Loblieder über ihre künftige Arbeitgeberin anzustimmen: Reiche Leute, Geschenke zu Neujahr, Christi Geburt, an Ostern, üppige Festmahle, leichte Arbeit – kurz, für ein Dienstmädchen könne es keine erstrebenswertere Stelle geben.

„Meine Tochter, solch Haus zu finden, ist unmöglich", sagte Haddscha Tjurik.

Sie pries die Stelle derartig, dass die Tante eine Weile sogar daran dachte, statt Tigranuhi eine ihrer eigenen Töchter dorthin zu schicken. Schließlich aber war die Entscheidung gefallen. Am nächsten Morgen, noch vor der Dämmerung brachte die Kutsche in nächtlicher Dunkelheit die beiden Frauen aus Bahçecik ans Meeresufer, wo sie genau zur Morgenröte eintreffen. Als sich Tigranuhi nun an die Ankunft erinnerte, an die Reise aus der Dunkelheit ins Helle, nahm sie dies als gutes Omen für ihr weiteres Leben. Sogleich bewunderte sie den Golf von Smyrna, der sich reglos unter morgendlichem Goldschimmer ausdehnte, wie eine schöne, aber faule Frau, die nicht in der Frühe erwachen möchte. Bis dahin hatte sie noch nie das Meer erblickt. Sie nahm in einem großen, dreirudrigen Boot auf der blauen Fläche Platz, neben sich ihr kleines Bündel, und glitt vergnügt darüber hin. Die über das Meer erzählten Schauergeschichten glaubte sie nicht. Als sie in Smyrna angekommen waren, blieb ihnen wenig Zeit, um den Dampfzug zu erreichen, und kaum hatte der Zug den Lärm und das Durcheinander hinter sich gelassen, begann ein närrischer Wettlauf, ein ununterbrochenes, stundenlanges Rennen, bald am linken, dann am rechten Meeresufer entlang und anstürmend durch den violettfarbenen Boden, den das Land bis Hereke auszeichnet. Hier und da machte der Zug Halt, und Tigranuhi glaubte, dies geschehe, damit der Zug verschnaufen könne. Manche stiegen aus, andere ein, und sogleich fuhr der Zug wieder an und die wilde Jagd ging weiter bis Polis. Schließlich erinnerte sie sich ihrer Ankunft in Haydarpaşa. Polis, auf das Haddscha Tjurik mit dem Finger zeigte, lag noch in der

Ferne, und gegenüber befand sich Pera[27], der Ort, in den sie gehen sollten, ein Stadtteil mit sauberen Straßen und schönen Häusern, worüber sie sich wunderte. Im Bahnhof fürchtete sie, in der Menge verloren zu gehen. Vor lauter Verwirrung vergaß sie ihre Angst. Haddscha Tjurik war ja neben ihr, gewandt und tüchtig in jeglicher Lage, und rettete sie, bis sie sie zu diesem reichen Haus brachte und dort übergab. In ihren Augen verkörperte Haddscha Tjurik einen mächtigen Schutzengel. Und Tigranuhi war ihr damals aus ganzem Herzen sehr dankbar.

Das Haus, gut ausgestattet mit drei Dienstboten, die so exakt wie Maschinen ihren Dienst versahen, erstaunte Tigranuhi; die alte Mariam, die ihr beibringen sollte, was sie zu tun hatte, und noch eine weitere Dame mit lieblicher Stimme. Nur am Abend fürchtete sie sich etwas vor der ersten Begegnung mit dem Hausherrn und seinem Sohn, der, jung, korpulent, energisch ganz seinem Vater und dessen Ernsthaftigkeit glich.

All diese Eindrücke fasste Tigranuhi zusammen und reihte sie in ihre Gedanken ein. Sie empfand tiefe Zufriedenheit. Dann sprang sie von der Bettkante, kleidete sich an, kämmte sich und schaute in den großen Wandspiegel. Zum ersten Mal betrachtete sie aufmerksam ihr eigenes Gesicht, fühlte Freude ob ihrer Schönheit, und stieg dann die Treppe hinunter.

Die Schönheit von Frau Surbiks Dienstmädchens wurde zum allgemeinen Gesprächsstoff. Sowohl die Herren, als auch die Damen beglückwünschten Frau Surbik. Tigranuhi kleidete sich jugendlich und mit unbewusster Koketterie. Wie von Frau Surbik angeordnet, trug sie eine weiße,

---

27 Ursprünglich eine genuesische Gründung des 13. Jahrhunderts und auf dem europäischen Teil des Goldenen Horns gelegen, heute Teil des Istanbuler Stadtbezirks Beyoğlu.

saubere Schürze. Am Abend, nach der Arbeit, stieg sie in die oberste Etage zu ihrer kleinen Kammer und setzte sich ans Fenster, um die Fahrgäste zu betrachten, die das Dampfschiff verlassen hatten, bis sie von unten gerufen wurde. So gewöhnte sie sich an das Haus, schickte ihr Gehalt an den Ehemann daheim und war zufrieden mit ihrem Leben.

Nur manchmal empfand sie tiefes Unbehagen wie vor einer unsichtbaren Gefahr, vor einer Person, die wie sie im Zimmer saß. Selbst bei geschlossenen Augen fühlte sie die Präsenz eines anderen. Diese Gefahr lag eher in der Luft, als dass sie greifbar war. Doch Tigranuhi hatte das bestimmte Gefühl, vorsichtig sein zu müssen.

Die Männer aus Polis haben, entgegen ihrer Höflichkeit, ihre eigene Art, Frauen anzuschauen. Mit ihrem Blick betasteten sie ihr Gesicht wie bei einem Kuss und beleidigten jede Sekunde ihre beinahe noch jungfräuliche Scham. Nur dank ihres weiblichen Instinkts fühlte Tigranuhi den Hauch der verschwiegenen Wünsche, die um sie herum entstanden. Er erhob sich, wenn sie sich vor den Männern befand, ihnen Süßigkeiten oder Wasser zum Trinken servierte. Wenn sie zur Tür ging, um das Zimmer zu verlassen, waren alle Augen auf sie gerichtet, auf ihren großen, schön gebauten Körper, auf dessen üppige Linien, die infolge ihrer Gangart besonders zur Geltung kamen. Selbst ihr Kleid und ihre Art, sich nach Art einer Bäuerin oder eines Dienstmädchens schlicht zu kleiden, besaßen etwas Reizendes, vielleicht gerade deswegen. Der Sohn des Herrn Rasar konnte dieser Anziehung nicht lange widerstehen.

Er war ein stattlicher und wollüstiger junger Mann und wie sein Vater daran gewöhnt, alle Begierden zu verbergen und gerade deshalb nicht in der Lage, sich selbst zu beherrschen, wenn er zufällig mit dem Dienstmädchen allein blieb.

Obwohl er noch ein Kindskopf war, begann Onnik bald, Schabernack mit Tigranuhi zu treiben. Er stellte sie auf die Probe, um ihre Widerstandskraft abzuschätzen. Manchmal, wie aus Versehen, umfasste er ihren Körper oder wollte ihre Hand zu halten. Da begriff Tigranuhi seine Absicht und zog sich zurück, ohne Panik, sondern wie jene schüchternen Menschen, die sich schweren Schritts zurückziehen, mit gespielter Gleichgültigkeit, um ihre innere Angst in der Absicht zu verbergen, ja nicht ihr Gegenüber herauszufordern. Danach erklärte der Junge ganz offen sein Verlangen, weil ihre Ablehnung ihn seit sechs Monaten zum Äußersten getrieben hätte. Morgens, abends, nachts ging so etwas wie ein Versteckspiel im Hause vor sich, eine Verfolgungsjagd von Zimmer zu Zimmer und von einer Ecke zur anderen, so dass das Dienstmädchen nicht wusste, wie sie sich verhalten sollte, wenn er einen Dienstwunsch aussprach.

Schließlich wandte sich Tigranuhi in ihrer Verzweiflung an Madame Surbik, um alles zu gestehen. Ihre Herrin war eine fromme Frau, deren Lob der Geistliche oftmals von der Kanzel der Kirche ausgesprochen hatte. Als sie einmal mit der Herrin tagsüber allein war, erzählte sie ihr alles, zaudernd und errötend.

Madame Surbik erstaunte, wollte es zuerst nicht fassen: Vielleicht irrte sich Tigranuhi ja? Dann versprach sie, dass sie am Abend mit ihrem Sohn sprechen wolle, und fügte lächelnd hinzu, dass vielleicht Tigranuhis Schönheit der Grund für den Vorfall sei?

„Mein Sohn hat ein gutes Herz, aber er ist eben ein

Mann. Du bist so schön, dass ich mich nicht wundere, falls er dich liebt. Keiner kann dir widerstehen!"

Haddscha Tjurik, der Tigranuhi ebenfalls ihre Lage berichtete, zog Tigranuhi auf: „Meine Tochter, ein Gentleman liebt dich! Was willst du mehr?"

Tigranuhi versuchte sich noch einige Zeit gegen die Nachstellungen zu wehren, aber allmählich gewöhnte sie sich an seine Liebeserklärungen. Madame machte ihr um diese Zeit zahlreche Geschenke; so viel Geld wie ihr Gehalt bekam sie zusätzlich als Geschenk. Tigranuhi begriff, dass all dies nicht für ihren Dienst geboten wurde. Schließlich brachten die Nachstellungen auch ihr Blut in Wallung, und sie begann, ebenfalls Vergnügen daraus zu ziehen. Sie tat, als fliehe sie, aber das war Verstellung.

Eines Nachts fand Tigranuhi in ihrer Kammer ihren jungen Gentleman vor. Sie wollte schreien, bekam jedoch Angst und fing an zu flehen:

„Ich bitte dich, Herr, hab Mitleid mit mir!"

Aber der Gentleman war energisch und erdrückte sie mit seiner Kraft.

„Meine Madame, meine Madame, was wird sie sagen?" fragte Tigranuhi zitternd.

„Unsinn!" antwortete der Junge. „Meine Mutter sagte selbst, dass du in deinem Zimmer bist, und darum bin ich hierhergekommen. Hab keine Angst vor meiner Mutter!"

Tigranuhi wich rückwärts bis zur Wand aus und verharrte still in der stählernen Umarmung des Jungen. Dann versagte ihre Widerstandskraft. Obwohl sie den Kopf zur Wand gedreht hielt und auf ihrem Hals brennende Küsse fühlte, suchte Tigranuhi ihre Ergebung und Hingabe zu rechtfertigen. Sie dachte bei sich, dass sie alles getan habe, um sich zu verteidigen und darum keine Schuld trage, wenn sie scheiterte. Es gibt Selbstmörder, die in den letzten Sekunden ihres Lebens bereuen. Doch sie können ihre Entscheidung nicht mehr zurücknehmen und mit ein paar Zeilen ihre Entscheidung rechtfertigen. Tigranuhi tat das Gleiche.

3.

Zwei Jahre dauerte dieser Zustand an. Tigranuhi war ein begehrtes Dienstmädchen, weil sie den Sohn des Hausherrn von seinen nächtlichen Ausflügen nach Pera wieder nach Haus zurückgeholt hatte. Madame Surbik kleidete sie nun wie eine Braut ein und hörte nicht auf, sie vor den Gästen, die kamen und gingen, zu loben.

Doch eines Tages wurde Tigranuhi krank. Sie litt unter Drehschwindel. Ihr Unwohlsein hielt einige Tage an, aber vor lauter Angst schwieg das Dienstmädchen, vertraute sich niemandem an. Nach einer Weile wurden die Anzeichen der Schwangerschaft deutlicher. Tigranuhi geriet in Verwirrung. Sie wusste nicht, was sie sagen, was sie tun sollte. Die übrigen Dienstboten machten sich über sie lustig, verspotteten sie, um sie zu schikanieren. Ab dieser Zeit kam der junge Hausherr nicht mehr zu ihr und schenkte ihr keine Beachtung. Eines Tages fasste Madame Surbik ihre Dienerin plötzlich scharf ins Auge. Ihr Blick maß das Dienstmädchen von oben bis unten, ihre Gestalt wie mit einem Feuermantel bedeckend.

„Tritt näher, Tigranuhi!" befahl sie ihr mit grober Stimme, als sie deren Zögern bemerkte. „So, noch ein bisschen näher!"

Aus der Nähe war die Schwangerschaft deutlich sichtbar. Wie die meisten Frauen war Tigranuhi hässlicher geworden. Ihre Gesichtshaut war erschlafft, der Leib wölbte sich unschön und beim Ein- und Ausatmen war der ungewöhnlich vergrößerte Brustumfang sofort erkennbar.

Vor Wut verlor Madame Surbik ihre Beherrschung: „Schlampe", schrie sie Tigranuhi an, „Schlampe, du hast mein Haus geschändet! Zur Hölle mit dir!"

Mariam eilte herbei, als sie Madames Stimme hörte: „Rufen Sie schnell Haddscha Tjurik zu mir! Sie soll diese Hündin mitnehmen!" schrie Frau Surbik.

Nach zwei Stunden fand man die Vermittlerin und brachte sie zu ihr. Surbik, mit Schaum vor dem Mund, ließ ihrem Zorn freien Lauf. Heuchelei ist etwas, das bisweilen mit Aufrichtigkeit verwechselt wird. Beides wird nicht immer richtig auseinandergehalten, wie Lügner, die ihre eigenen Lügen für wahr halten.

So war auch Madame Surbiks Zorn nicht etwa unecht. Es kam ihr gar nicht in den Sinn, dass all dies durch ihr Wissen, auf ihren Willen und ihre Anordnung hin geschehen war. Aus ihrem Mund strömten, wie bei einer Schwachsinnigen, jede Sekunde die Worte Ehre und Sittsamkeit. Schreiend versuchte sie, ihre Dienerin, Haddscha Tjurik und die ganze Welt zu Schuldigen zu erklären. „Die Schlampe soll umgehend verschwinden! Keine Sekunde länger dulde ich sie in meinem Haus!" Das war ihr letztes Wort.

Die Vermittlerin stieg hoch in Tigranuhis Kammer und fand die junge Frau dort im Todesfieber. Sie hatte hohe Temperatur, ihr Gesicht war rot, die Zähne schlugen aufeinander. Die Vermittlerin empfand Mitleid mit ihr. Es war überflüssig, Fragen zu stellen. Was geschehen war, wusste die Haddscha. Nur eine Frage: „Im wievielten Monat bist du, Mädchen?"

„Das weiß ich nicht", flüsterte die andere.

Haddscha Tjurik stieg wieder nach unten, zur Madame, doch diese hatte erneut angefangen zu schreien, und mühte sich, ihr Geschrei noch zu steigern. Ständig redete sie davon, dass sie als Wohltäterin so eine arme Frau zu sich ins Haus als Dienstmädchen geholt hatte, und nun diese Undankbarkeit! „Dieser Pöbel ist einfach immer so! Die Armen sind sämtlich unsittliche Geschöpfe!" Und wo sie saß, zog sie ihren Rocksaum höher, um nicht in Berührung mit diesem Schmutz zu kommen. Fortgesetzt wiederholte sie die gleichen Beleidigungen. „Schlampe, Schlampe! Wer weiß, welchem Dienstboten sie den Kopf verdreht hat!"

Das versetzte Haddscha Tjurik in Rage. Die Fäuste in die Hüften gestemmt, erwiderte sie mit dreister Stimme: „Schau mich mal an, Madame! Soll ich die Wahrheit sagen? Sie ist ein armes Dienstmädchen! Sie hätten Ihren Sohn erziehen sollen! Stattdessen behaupten Sie, dass sie mit einem Dienstboten zusammen gewesen war? Sie ist zu bemitleiden."

„Was, nun willst du meinen Sohn beleidigen? Mein Sohn wird nicht einmal auf ein Dienstmädchen spucken! Er kann alle schönen Mädchen und Frauen haben!"

„Von deinen Schönheiten ist keine so hübsch wie Tigranuhi! Madame, komm und hör, was ich sage! Ich habe viele solche Wechsel von Hitze und Kälte erlebt. Was geschehen ist, können wir nicht einfach ungeschehen machen!"

Aber Madame Surbik beharrte auf ihrem Standpunkt und bestritt, dass ihr Sohn mit Tigranuhi verkehrt habe.

Der Streit zog sich in die Länge. Die beiden Frauen beleidigten sich wechselseitig, denn die Vermittlerin weigerte sich, die ihr von der gehässigen Madame Surbik zugedachte Rolle anzunehmen. Madame Surbik wünschte sich, Tigranuhi aus dem Haus zu werfen, bevor sich der Skandal herumgesprochen hatte. Haddscha Tjurik war schlau, begriff das und versuchte, im Interesse des Dienstmädchens daraus Nutzen zu ziehen.

„Alles regelt sich mit Geld", erklärte sie.

„Anstatt ihr was zu geben, spende ich lieber dem Krankenhaus", erwiderte Madame Surbik und wiederholte, dass diejenigen, die ihre Schuld nicht tilgen wollen, gewöhnlich annehmen, dass sich Probleme mit Geld lösen lassen, um nicht in Verruf zu geraten.

„Schauen Sie mich mal an! Zum Zeitvertreib Ihres Sohnes wollten Sie ja das schönste Dienstmädchen weit und breit haben. Sie dürfen sich nun nicht weigern zu zahlen! Haben Sie das verstanden? Anstatt einer Spende für das Krankenhaus zahlen Sie lieber dem armen Mädchen was, das Ihr Sohn geschwängert hat! Sie sind ja gottseidank vermögend! Dieses Mädchen ist nicht in der Lage zu arbeiten, sie muss ein Kind gebären. Sie besitzt keinen Lebensunterhalt, hat kein Geld, das sie ihrem kranken Ehemann ins Dorf schicken kann."

Unter Schreien und Beschimpfungen handelte Madame Surbik schließlich 20 Piaster unter der Bedingung aus, dass Haddscha Tjurik sofort Tigranuhi mit sich nähme. Es war bereits nach Mitternacht. Herr Rasar und sein Sohn waren mit dem letzten Dampfschiff zurückgekehrt. Im Wohnzimmer sitzend, sprachen sie über das Handelsgeschäft. Wie ein frommer und anständig-gehorsamer Sprössling saß der Sohn dabei seinem Vater gegenüber, ehrerbietig lauschend.

Um diese Uhrzeit verkehrte zwischen Kadıköy und Polis keine Fähre mehr. Die Haddscha war gezwungen, ein Boot für sich und das Mädchen zu mieten, um nach Galata zu gelangen. Es war ein Herbstabend, an der Schwelle zum

Winter. Der Regen fiel gleichförmig und stetig, Land und Meer wie ein schwarzer Schleier bedeckend. Im Hafen lagen still die Schiffe mit ihren kreuzartigen Masten wie Riesen, die salutierten. Vom Meer aus, in Richtung Galata und noch weiter bis Pera, schienen allmählich zahllose Lichter auf.

Ins Boot geduckt, mit dem Bündel unterm Arm, willenlos und nicht ganz bei Sinnen, lauschte Tigranuhi aufmerksam dem Geräusch der ins Meer tauchenden Ruder und blickte auf die Lichtflecken in der Ferne, als sie zum ersten Mal die Bewegung ihres Kindes im Bauch verspürte.

In Gjur[28] blieb der Skandal für das Haus von Monsieur Rasar aus, obwohl die Wahrheit sich herumsprach. Doch alle behaupteten, Tigranuhi sei rausgeworfen worden, weil sie ein Verhältnis mit einem Dienstboten habe anfangen wollen. Mehr aber wurde über die Frömmigkeit der Madame Surbik gesprochen, und der Ruf ihres Hauses als wohlanständig schien sich eher zu mehren. Die Frauen, die bereit waren, ihre Töchter dem jungen Herrn zur Frau zu geben, lobten einstimmig sowohl die Mutter, als auch deren Sohn.

„Sie war eine Schlampe", urteilten sie über das Dienstmädchen, „sie wusste den Wert eines solchen Hauses gar nicht zu schätzen!"

Alle, die geschäftlich mit Monsieur Rasar zu tun hatten, waren der gleichen Meinung. Sie zeigten Mitleid mit Monsieur und Madame Surbik und wunderten sich oftmals ob der Undankbarkeit des Dienstmädchens gegenüber ihren Wohltätern: „So ist die Welt", wiederholten sie kopfschüttelnd.

---

28 Armenisch für „Dorf", hier Synonym für Kadıköy (türk. „Richterdorf")

4.

Vier Jahre waren vergangen, als ich diese Geschichte in jenem Haus hörte, in dem Tigranuhi damals als Dienstmädchen arbeitete. Sie war eine liebreizende Frau, obwohl eine drückende Sorge ihr Gesicht hatte vorzeitig altern lassen.

Während der letzten Monate der Schwangerschaft und der Geburt ihres Sohnes wohnte sie bei Haddscha Tjurik. Ihr Sohn war ein lebhaftes, fröhliches Baby, als in Tigranuhis Dorf ihr Ehemann an Lungenentzündung starb. Tiefen Schmerz über den Tod des ihr fast unbekannt gebliebenen Gatten empfand Tigranuhi nicht. Doch durch seinen Tod fiel ein zumindest potenzieller Ernährer aus. Nun widmete sie sich mit noch mehr Hingabe ihrem Kind, das, weil vaterlos, ganz ihr gehörte.

Bald aber war sie gezwungen zu arbeiten, weshalb sie ihr Kind der Pflege und Obhut einer anderen Frau anvertraute. Eines Tages erhielt sie die Nachricht, dass das Kind erkrankt sei. Sie eilte zu ihm, doch erreichte sie es erst in letzter Stunde. Arzt und Arzneien halfen nicht mehr, ebenso wenig wie die Reliquie, die sie von der Heilandskirche kommen ließ. Gleich einem Vögelchen gab ihr Sohn klaglos seinen Geist in Tigranuhis Armen auf.

Tigranuhi besaß keinen Bekanntenkreis, Haddscha Tjurik weilte zu jener Zeit im Dorf. Allein auf sich gestellt, musste sie sämtliche trivialen und furchtbaren Vorbereitungen zur Beerdigung treffen. Sie selbst kleidete und schmückte das Baby, wie sie vor kurzem schluchzend erzählte. Danach ging sie in die Kirche und äußerte den Wunsch, dass das letzte Geleit, so weit möglich, prunkvoll sein sollte.

„Du bist zu bemitleiden, denn du hast kein Geld", wurde

ihr in der Kirche geantwortet.

Sie beharrte jedoch auf ihrem Wunsch und zahlte, soviel man von ihr forderte, ließ zahlreiche Kerzen entzünden und bestand darauf, dass zwei Priester an der Zeremonie teilnahmen. Insbesondere wollte sie vermeiden, dass ihr Kind in einem billigen offenen Sarg beigesetzt wurde. Da sie Sorge hatte, dass ihr Kind sich in der Erde erkältet, bestellte sie einen soliden geschlossenen Sarg in der Überzeugung, dass darin ihr Kleines geschützt sein werde. Einen ganzen Tag lang beschäftigte sie sich mit dieser Aufgabe, ordnete alles persönlich an. In der Kirche war sie allein und blieb es bis zum Friedhof. Bedrückt folgte sie als einzige dem Sarg, senkte ihn in die Erde und kehrte in das Haus, wo sie angestellt war, nach zwei Tagen Abwesenheit zurück.

Ihre Augen waren vom Weinen geschwollen, aber sie beklagte sich nicht. Mit gesenktem Kopf ging sie ihrer Arbeit nach. Danach richtete sich ihre ganze Sorge und Anstrengung auf das Grab ihres Kindes. Von ihren Ersparnissen kaufte sie eine kleine Kirchhofsparzelle für zwei Personen, wie sie mit leiser Stimme den Gemeindemitgliedern erklärte.

Den Preis dafür bezahlte sie umgehend und ging mit der Quittung sofort zum Kirchhof, um den Leichnam ihres Kindes umzubetten. Kurze Zeit darauf umschloss sie mit einer niedrigen Mauer das kleine Grundstück und setzte zum Schluss auch den Grabstein. Ihren Verdienst gab sie einzig dafür aus; stets hatte sie etwas Neues zu bauen, hinzuzufügen und zu verschönern.

Die fünf Totengedenktage, von denen es in der armenischen Kirchentradition große und kleine gibt, waren für sie Freudentage: Frühmorgens stand sie auf, machte sich zurecht wie es sich für eine Witwe geziemt, ernst und feierlich, und begab sich dann zum Kirchhof. An dem kleinen Grab knieend, sprach sie mit ihrem Kind in der Sprache der Kleinkinder. Jeden Priester, der vorbeikam, ließ sie das Grab segnen und belohnte den Segen freigebiger, als Reiche es zu tun pflegen.

Bei der Rückkehr stand ihr die Glückseligkeit ins Gesicht geschrieben. „Wo warst du, Tigranuhi?" fragten ihre Hausgenossen, als ob sie nicht wüssten, wohin sie gegangen war.

„Ich ging zu meinem Kind, Madame!" erwiderte sie glücklich.

(Konstantinopel, 1901)

*

Artasches Harutjunjan

Aurora[29]

Aurora träumt,
die Kirschlippen versiegelt,
auf Rosenbetten
und Lilienkissen.

Ein Vorhang, durchsichtig,
aus lichtgewirkter Klöppelspitze
verschließt die blaue Öffnung
des Schlafgemachs und ihren Schoß.
Über sauber gesäumte
schneeige Wolken

---

29 Im Original Arschalujs („Morgenröte"). Wie das bekanntere griechische Wort Aurora bezeichnet die armenische Lehnübersetzung einen Frauennamen.

huscht verstohlen
ein rosiger Kuss.

Wie aus dem Körbchen einer Fee
verstreuen sich Duftrosen
über Kleidersäume,
vermengt mit Feuer und Schaum.

Aurora wandelt entlang
der Linie am roten Horizont,
lässt schwankend zurück
die Spur ihrer Lilienfüße.

Am Vormittag ruht sie noch
im Schoß flüchtiger Träume,
träumt von der Zukunft
halb schlafend, halb wach.

*

Jeruchan

Die Wäscherin

Dem Hafen gegenüber, am Ende der Häuserzeile, wusch
Surbik in einer Kammer die fast schon schwarze Schmutz-
wäsche, die sie zweimal in der Woche von alleinstehenden
Seeleuten, von Fischern, den Angestellten einer Bäcke-
rei, den in den Ecken des Kaffeehauses übernachtenden
Obstverkäufern aus den Provinzen sowie den in engen
Kammern übernachtenden Seeleuten einsammelte. Sehr
hart schuftete das arme Mädchen bis zum Abend vor ih-
rem Waschkübel, mit gekrümmtem Rücken, die Ärmel bis

zum Ellenbogen hochgekrempelt. Die Haare, die anscheinend kaum je einen Kamm gesehen hatten, hingen von der Stirn bis zu den Schultern wirr durcheinander. Durch den Hemdausschnitt war die von der Feuerhitze kupferrote Brust zu sehen, die sich kurzatmig fortwährend hob und senkte. Mit fieberhaften Handbewegungen rieb sie Seife in die Kleidungsstücke ein, wie rasend bemüht, den Schmutz aus ihnen herauszubekommen. Surbik lebte ganz allein. Ihr Vater war schon verstorben, ihre Mutter hatte, gegen den Wunsch ihrer Tochter, einen Mann geheiratet, der auf dem Kai Reis verkaufte.

Surbik hatte das Haus ihrer Mutter verlassen, nachdem sie ein paar Tage hier und da hungrig umhergestreift war. Dann hatte sie ihre Kammer gefunden, und binnen kurzem besaß sie genügend Kunden. In ihrer Anstrengung, den Schmutz zu besiegen, hatte die junge Wäscherin eine Art Trost und Vergnügen gefunden. Der weiße Seifenschaum, der sich im Kübel sammelte, verlieh ihren schönen, schwarzen Augen ein angenehmes Aussehen.

Surbik wusch die Kleidung bis zur Dunkelheit und ließ dann auf den im Garten gespannten Wäscheleinen die Hemden und Taschentücher trocknen. Wenn ihre Arbeit vollbracht war, aß sie, was sie gerade im Haus hatte. Ihr Bett lag an einer Stelle, die wie ein Bettgestell gebaut war, und im Schlaf träumte sie oft von ihrer Wäsche, die schneeweiß und rein war, während die Kundschaft ihre Geschicklichkeit als Wäscherin pries.

Am nächsten Morgen arbeitete sie dann mit noch mehr Energie, presste die Wäsche fest mit ihren roten Fingern und seufzte befriedigt. Wenn die Kleidungsstücke nebeneinander auf der Leine hingen, warf sie einen unbeschreiblichen Blick darauf.

Für Surbik waren Einsamkeit und Armut kein Grund für Kummer und Hoffnungslosigkeit. Sie war im Gegenteil sehr zufrieden mit ihrer Lage. Alles, außer ihrem Kübel, Herd sowie der Wäsche erschien ihr verdächtig, und sie freundete sich mit niemandem an.

Aber eines Tages, als sie die Wäsche eines alten Matrosen abholte, der in einer Kammer am Hafen hauste, erblickte sie flüchtig einen jungen Mann. Er trug eine breite Hose und schlief barfüßig, auf seiner kräftigen Brust liegend, auf dem Boden. Surbik schaute gleichgültig auf den lebensvollen Körper und fragte dann den Seemann, wer das sei?

„Auf dem Schiff von Toros arbeitet er als Fischer", antwortete der Alte. „Er ist neu hier, aber Gott bewahre..."

„Wie heißt er?"

„Howsep."

„Wem gibt er seine Wäsche?"

„Mal sehen. Ich sag ihm, er soll sie dir geben."

Surbik kehrte nach Hause zurück, stellte sich an den Waschkübel und begann mit groben Bewegungen die Wäsche zu behandeln und rieb die Seife so stark, dass der Kübel bald voller Schaum war. Nachts, als sie sich schlafen gelegt hatte, flüsterte sie leise vor sich hin:

„ich werde Howseps Wäsche waschen."

In jener Nacht träumte sie davon, wie sie Howseps Wäsche wusch, so rein, wie sie bis dahin die Wäsche von keinem anderem gewaschen hatte.

Früh am Morgen stand sie auf, und nachdem sie die Wäscheverteilung festgelegt hatte, ging sie zum Hafen. Howsep war soeben aufgestanden und wusch sich Gesicht und Brust mit Meerwasser. Die Wäscherin trat schüchtern an ihn heran und hielt nach dem alten Matrosen Ausschau, damit er mit dem jungen Fischer über die Wäsche sprach. Tatsächlich sagte der Alte: „Du, Howsep, gib deine Wäsche zu ihr, denn sie wäscht sowohl sauber, als auch preiswert!"

Der junge Mann trocknete sich das Gesicht mit dem Hemdzipfel und schaute Surbik gleichgültig an. Sein feuriger Blick tauchte in ihre dunklen Augen, und indem er seine weißen Zähne bleckte, sagte er mit leichtem Lächeln: „Sehr gut, hol sie dir morgen ab!"

Surbik kehrte froh und munter zu ihrer Wäscherei zurück. An jenem Tag summte sie bis zum Abend ein Lied vor sich hin und wusch die Wäsche lebhafter als sonst und mit solcher Sorgfalt, dass der Schaum dickflüssiger als gewöhnlich war.

Am nächsten Tag lief Surbik schon in der Dämmerung zu der Kammer am Hafen, die wirren Haare auf der Stirn so gut es ging gebändigt und den Brustausschnitt züchtig zugeknöpft.

Howsep war mit dem Flicken alter Fischernetze beschäftigt, als er das Mädchen eintreten sah. Ein Freudenstrahl blitze in seinen Augen auf.

„Bist du schon da?" sagte er, das Netz zur Seite legend, und reichte ihr ein Bündel. „Es sind zwei Hemden und vier Socken. Wasch sie gründlich, mein Schwesterchen!"

„Sei unbesorgt, Brüderchen! Alle wissen, dass ich die beste bin, aber deine Sachen werde ich noch gründlicher waschen!"

„Wirklich?" fragte der junge Fischer und starrte der Wäscherin ins Gesicht.

Und Surbik wusch Howseps Wäsche tatsächlich mit besonderer Sorgfalt: Zuerst behandelte sie sie als Kochwäsche, dann spülte sie sie dreifach gründlich aus, so dass die Hemden schneeweiß wurden, trocknete sie bei Tageslicht, faltete sie sorgsam und trug sie mit Zärtlichkeit zum Fischer zurück.

Howsep blickte seine seit langem nicht gewaschenen Hemden verwundert an, dann lobte er:

„Großartig, Surbik! Du hast gute Arbeit geleistet. Wieviel bin ich dir schuldig?"

Die junge Frau trat näher an den Fischer heran, um nicht von dem alten Matrosen, der in seinem Bett schlummerte, gehört zu werden, und antwortete mit leiser Stimme: „Von allen nehme ich 40 Piaster, von dir aber nur 20!"

Der Fischer errötete leicht, steckte seine Hand in die Tasche, gab ihr zwei Zehn-Piaster-Münzen und dann noch eine dritte, und erwiderte: „Kauf dir eine Wassermelone und iss!"

Fast hüpfend betrat Surbik ihre Kammer. Das Feuer knisterte, das Wasser kochte im Blechbehälter, die Schmutzwäsche stapelte sich neben dem Kübel. Doch statt sich zu freuen, machte Surbik an jenem Tag ein ernstes und trauriges Gesicht. Nachdenklich und schweren Herzens wusch sie die Wäsche. Am nächsten Tag aber dachte sie an die von Howsep empfangene Piastermünze, kaufte sich Trauben und aß mit großem Appetit, so dass bis zum Mittag ihre Munterkeit zurückkehrte. Vier Tage darauf ging sie erneut zum Hafen, holte die Wäsche des Fischers ab und nahm noch vertrauter von ihm Abschied.

Als sie ihn zum dritten Mal früh morgens aufsuchte, drängte der Fischer Surbik, sich mit ihm ein wenig länger zu unterhalten. So sprachen sie miteinander, die eine mit ihrer Wäscherei prahlend, der andere, indem er Surbik seine Seeabenteuer erzählte. Beiden gefiel das Handwerk des anderen, und dieses Mal trennten sie sich mit einem festen Händedruck und liebevollen, zärtlichen Blicken.

Surbiks magere Wangen wurden fülliger, in ihrem Körper erwachte nach den Begegnungen mit Howsep jedes Mal das Leben.

Eines Morgens sagte sie leise beim Wäscheabholen zu ihm: „Brüderchen, zahl mir für deine Wäsche kein Geld mehr! Ich habe stattdessen einen Wunsch: Schenkst du mir zu Ostern ein langes Kleid?"

Zu Ostern war der Frauenrock fertig, und als sie spazieren ging, trug ihn Surbik voller Stolz. Noch nie in ihrem ganzen Leben war dieses arme Mädchen so froh und glücklich gewesen.

Ihre morgendlichen Besuche verlängerten sich mit der Zeit, und ihre Stimmen wurden so leise und sanft, dass der alte Matrose begann, Mund und Nase zu rümpfen und leise vor sich hinzumurmeln.

Schließlich flüsterte Howsep Surbik eines Tages ins Ohr: „Surbik, heiratest du mich?"

„Ich heirate dich!" erwiderte die Wäscherin errötend.

Doch als eines Morgens Surbik zum Hafen ging, um Howseps Wäsche abzuholen, bemerkte das Mädchen erstaunt, dass der alte Matrose nicht wie üblich mit frohem Gesicht dalag und vor sich hin schnarchte. Als sie aufmerksamer hinschaute, bemerkte sie, dass Howseps Bettdecke sich wölbte. Verwundert trat sie näher, schob die Decke zur Seite und jammerte laut auf. Der alte Seemann fuhr in die Höhe. Surbik stand neben Howseps steifen Leichnam und weinte. Der Seemann sagte schwankend:

„Der arme Howsep! Gestern Abend ist er beim Wegschütten des Salzes ins Meer über Bord gegangen und ertrunken. Bis er aus dem Wasser gezogen wurde, war er bereits tot. Das war eben sein Schicksal! Weine nicht, auch wenn es schade ist!" Und damit schlüpfte er wieder unter seine Decke und versuchte zu schlafen.

Die unglückliche Surbik aber weinte und schluchzte lange Zeit, ohne Unterlass. Dann beugte sie sich nieder, küsste Howsep auf die kalten, bereits erblassten Lippen, nahm aus der Zimmerecke das Bündel, in dem sich die Schmutzwäsche des unglücklichen Fischers befand, verließ das Zimmer und kehrte in ihre Kammer zurück, stellte sich vor den wassergefüllten Kübel und begann zu waschen. Mit wilden Bewegungen zerriss sie wütend das Hemd, zog dann die Fetzen aus dem seifigen Wasser, sammelte sie, trug sie in den Garten und hing sie auf die Wäscheleine, in die Sonne, und setzte sich der Wäsche gegenüber hin. Dort lachte die arme Wäscherin manchmal auf, manchmal schluchzte sie, dann wieder ächzte und kicherte sie.

*

Jerische Tscharenz

Sehnsucht

Einem russischen Mädchen gewidmet

1.
Jetzt bin ich fern,
jetzt haben sich
die Zeiten ganz verändert.
Nicht quält mehr alte Bitternis,
auch meine Trauer ist vergangen,
wie auch die Straßen
und die Fieberfluten.
In roter Gegenwart verglühen
Begeisterung und Sehnsüchte von gestern.
Jedoch: In deiner Liebe noch gefangen,
verhindert nicht die Heiligkeit des Feuers,

dass wiederum in mir voll Freude
das Sehnen nach den regennassen Straßen,
nach deinem fernen, blassen Zauber
und deinen Hurenreizen aufersteht.
Denn meine Kinderseele schreit
bis jetzt nach der Vergangenheit.

2.

Blau sank die Dämmerung herab.
Ich trat aus dem Haus auf die Straße.
Du kamst zu mir
wortlos, voller Mattheit.
Ein weicher Glanz
lag stets in deinen Augen,
dein Kleid roch noch
nach Rauch und schalem Wein.
Du hattest niemals nur ein Wort,
nicht eine Silbe der Erklärung nötig.
Wir irrten endlos
durch des Nebels Dunkel.
Noch später lagen wir,
Geschwistern gleich,
in einer Absteige beisammen.
Ich konnte jene Nächte
nie vergessen.
Ich weiß um sie, sie sind bei mir,
so wie du stets bei mir bist.

1920

*

Rasmik Dawojan

Liebesglück

Jegliches Liebesglück
auf dieser alten Erde

ist unwiderruflich
dem Tode verfallen.

In den Händen des Todes
sind auch wir gefangen:
du, ein kleines Mädchen.
Ich, ein schwächelnder Gott.

*

Anahit Parsamjan

Der Brief

Hinter den Scheiben seufzte der Schnee
in blauem Verdruss.
Hingeworfen auf meinem Tisch lag der Brief des Mannes,
den ich nicht liebe.
Träte er jetzt zur Tür herein,
würde sich das Tageslicht verfinstern.

Hinter den Scheiben küsste der Wind
eine Schneeflocke.
Beleidigt weinte die Flocke
und zerschmolz...
Den Brief des Mannes, den ich nicht liebe,
warf ich erzürnt ins Feuer.
Hinter den Scheiben hing ein Lachen
in der Luft.
Eine Männerstimme rief einen Frauennamen.
Mir die Lippen beißend, löschte ich das Licht
und verkroch mich in mein Bett.

*

Was soll sie denn noch alles machen,
deine Heilige Nini?
Sie soll den roten Hosenanzug tragen
und tanzen,
den Totentanz,
soll Liebeslieder schreiben
und vor Liebesleid verwelken,
im Meer ertrinken
und zugleich verdursten,
Golgatha ersteigen
und Trauer in der Brust empfinden...
Was soll sie denn noch alles machen?
Worüber weinst du denn so lange?

Salome

Und ich begriff deine Qualen, Weib,
und sah in deinen Augen Leid;
das keuchend wirbelnde Gold
deines Hüftschmucks zerschmolz
an deiner Glut.

Als dich ein Mann, dieser Jemand, übersah
und deiner strahlenden Weiblichkeit spottete,
wurden deine geschwungenen Augen
demutsvolle Lämmer,
die stumm in deinen Tränen knieten.

Wer immer er ist: Johannes war
im Augenblick der Kränkung todgeweiht,
als sich an dir das Gold erzürnte
und dich fort mit sich riss...

fort von deinem Herzen, dem Leiden, der Liebe,
hin zur rasenden Flamme, der Leidenschaft.
Doch ungleich diesem steinkalten Johannes
bist du im eigenen Feuer verbrannt.

Du hast ihn gehabt, ohne zu besitzen,
verloren ohne Aussicht, ihn je zu finden.
Die dürstende Jungfrau, die Weiblichkeit,
schrie hoffnungslos in deinen Adern auf.

Du hast das Blut begehrt, die Rache, den Ersatz
und bist dem Wind, Vergangenheit und Gegenwart ver-
fallen.
Durch seinen Tod bist du in Ewigkeit verloren,
in ihm hast du dich selbst vernichtet.

*

Ruben Hachwerdjan

Der Herbst unserer Liebe

Du glaubst, dass an deinem Fenster
der Regen weint?
Doch es sind Worte der Reue,
die über deine Scheibe rinnen.

Sie rinnen und strömen
die Scheibe hinab,
und widerhallen
in meinem verspäteten Lied.

Wem nutzt noch dein Geständnis

und das verspätete Bedauern?
Deine Liebe war Rätsel und
Geheimnis zugleich.

Vielleicht eine Laune des Herbstes?
Die Blätter sanken, gelb verfärbt.
In der Allee weinte
ein einsames Mädchen.

Der Herbst unserer Liebe
kehrt niemals wieder.
Doch bringt ein jeder Herbst
aufs Neue die Vergangenheit.
Sie weint an deinem Fenster.
Sie weint an deinem Fenster.

Das Mädchen und der Herbst
waren mein verlorenes Glück.
Die Dummheit, aus Unreife entstanden,
wird mir mein Lebtag nicht vergeben.

Zu gut weiß ich nun, dass das
Glück nur einmal an die Türe klopft.
Und geht es fort,
lässt es uns nur seine Visitenkarte.

Danach suchen wir unser Leben lang
das verlorene Glück.
Doch die Anschrift, die es uns damals gab,
kann keiner wiederfinden.

Nun endlich erkenne ich die Unmöglichkeit,
die Vergangenheit zurück zu gewinnen.
Diese Einsicht wird meine Strafe sein
für meine früheren Sünden.

*

Astrik Simonjan

Endlich bist du aufgetaucht

„Unterbrich mich nicht! Hör mir bitte zu!"
Die Frau drückte den Hörer noch fester: „Als ich klein
war, suchte ich mir in Gedanken einen Geliebten und be-
gann zu leben. Ich erwählte ihn mir in meinen Gedan-
ken. Ich selbst traf die Wahl. Damals war ich mager und
schmächtig. Nach der Entscheidung veränderte ich mich,
sehr sogar. Bisweilen konnte ich mich nicht mehr wieder-
erkennen. Mir schien, dass ich niemals so sein könnte.
Ich kann mich nicht derartig aufspalten. Da ich im Leben
sämtliche Sorgen allein tragen musste, wünschte ich mir,
dass sich einer mit mir beschäftigte... Mein Geliebter be-
schäftigte sich mit mir. Als ich ihn in meinen Gedanken
aussuchte, traf ich seinen Nicht-Körper, der sich von Frau-
enkörpern dadurch unterschied, dass er männlich, dass
er stark war. Mein Geliebter betrog mich nie. Er kehrte im-
mer um acht Uhr abends nach Hause zurück. Er arbeitete
viel und war fast immer müde. Aber stets, wenn er das
Haus betrat, küsste er mich auf die Wangen. Dann aßen
wir zu Abend. Seine Leibgerichte bestanden in dem, was
ich nicht mochte, ihm aber jeden Tag zubereitete. Die Ell-
bogen auf den Tisch gestützt, beobachtete ich, wie er mit
Genuss aß. Dann schauten wir fern. Wenn mich etwas an

dem Film bewegte, wandte ich mich ihm zu, erstaunt darüber lächelnd, dass er fast immer geschlafen hatte. Ich schaltete den Fernseher ab und näherte mich ihm auf Zehenspitzen und betrachtete aufmerksam sein Gesicht. Dann ging ich in die Knie und küsste vorsichtig seine Stirn. Dann die Nasenspitze, das Kinn und schließlich die Lippen. Besonders gern küsste ich seine Unterlippe. Er wachte auf, schaute mich erstaunt an und sagte, dass er schlafen wolle. Wir gingen ins Schlafzimmer, wo er sich eilig auszog und zu Bett ging. Mit ihm im Bett war es sehr gemütlich, besonders im Winter. Als er noch klein war, ist er einmal gestürzt und hat sich das Nasenbein gebrochen. Deshalb kam im Schlaf ein Pfeifton aus seiner Nase. Ich legte meinen Kopf auf seine Brust und schlief, betäubt von den Geräuschen.

Morgens stand er schon früh auf. Jeden Tag versuchte er, mich nicht beim Aufstehen zu wecken. Aber vergeblich. Ich kochte bereits den Kaffee für ihn in der Küche, er trank ihn hastig, sich den Mund verbrennend. Dann küsste er meine Lippen und eilte zur Arbeit. Samstags und sonntags arbeitete er nicht. Diese Tage mochte ich sehr. Wir gingen manchmal spazieren oder empfingen Gäste. Ab und an besuchten wir auch unsere Bekannten. Am liebsten mochte ich die Wochenenden, an denen wir uns daheim einschlossen. An solchen Tagen schaute er sich die Filme im Fernsehen bis zum Schluss an. Dann aber schaltete er selbst den Fernseher ab und brachte mich ins Schlafzimmer. Und wenn wir im Bett waren, schaute er mir aufmerksam ins Gesicht und küsste lange, sehr lange meine Lippen. Danach umarmte er mich und sagte, dass ihm meine Oberlippe sehr gefalle, dass er den Verstand verliere, wenn ich ihn mit offenen Augen küsse und er am

Rücken durch meine Fingerspitzen ein sehr angenehmes Kitzelgefühl empfindet und dass er überhaupt mich sehr liebe und sich bei mir äußerst wohl fühle.

Manchmal unternahm er für eine oder zwei Wochen eine Dienstreise. Zwei Wochen entsprechen 336 Stunden. Während dieser Zeit schnitt ich für unser zukünftiges Kind Kleider zu, die ich einstweilen meinen Puppen anzog. So lebten wir...

Einmal, als er von seiner Dienstreise zurückkehrte, öffnete ich ihm nicht die Tür. Stattdessen schaute ich lange durchs Fenster. Draußen regnete es sehr heftig. Er stand da, ohne den Schirm aufzuspannen, und schaute zum Fenster unserer Wohnung empor. Dann bist du gekommen. Und mir kam es so vor, als hätte ich die Tür aufgemacht. Nein, unterbrich mich nicht", sagte die Frau, sich müde auf einen Stuhl setzend. „Weißt du was? Du hattest dich sehr verändert. Und ich fing an zu glauben, dass du die Tür verwechselt hast. Nur dass ich es erst später begriffen habe."

„Ich kann nicht mehr länger den Mund dazu halten", ließ sich die Männerstimme vom anderen Ende der Leitung vernehmen. „Ich wollte es gleich sagen, aber Sie haben zu reden angefangen, und ich schwieg wider Willen. Gute Frau, Sie haben sich einfach verwählt..." Der Mann schwieg eine Weile. „Hören Sie mich? Sie haben sich verwählt..."

„Ich höre". Die Frau lächelte. "Ich habe es von Anfang an begriffen."

„Wieso denn?" Die Stimme des Mannes drückte äußerstes Erstaunen aus. „Sie haben begriffen, dass Sie sich verwählt haben, und trotzdem haben Sie weitergeredet?"

„Ich konnte nicht schweigen", erwiderte die Frau. „Und außerdem", ihre Stimme klang selbstbewusst und gelassen, „könnten Sie denn glauben, dass irgendeine Frau einem ihr bekannten Mann all das erzählen würde, was ich Ihnen erzählt habe?"

„Um die Wahrheit zu sagen, komme auch ich nicht vor acht Uhr abends nach Hause. Hin und wieder unternehme auch ich Dienstreisen. Wissen Sie", schmunzelte der Mann, „meine Frau weigert sich jeden Morgen für etwa zehn Minuten, mit mir zu sprechen, weil ich beim Schlafen schnaufe und ihre Ruhe störe. Aber in meiner Kindheit habe ich mir die Nase nicht gebrochen, da bin ich ganz sicher..."

„Doch was essen Sie gern?" fragte die Frau.

„Ehrlich gesagt weiß ich das nicht." Der Mann wurde traurig. „Ich esse alles, was meine Frau mir kocht."

„In drei Stunden wird mein Zug den Bahnhof verlassen." Die Frau blieb eine Weile still und fügte dann hastig hinzu: „Eben das wollte ich sagen, als Sie mich unterbrochen haben."

„Warten Sie, legen Sie nicht auf! Ich trage einen schwarzen Mantel und dazu einen Hut in derselben Farbe. Vielleicht begleite ich dich? Ich denke, wir werden uns finden."

„Das ist nicht so wichtig. Hauptsache, dass Sie aufgetaucht sind...

Die Frau legte den Hörer sachte auf. Und dann, noch immer sachte, zerriss sie die Fahrkarte.

1996

*

Warand

Folgerung

Ohne mich
hätte sie wohl auch ein Leben.
Ohne sie
hätte wohl auch ich ein Leben.
Aber ist nicht das Leben,
das wirkliche Leben,
dort, wo man am Brunnen
Den Durst stillt ...

Eines Tages

Eines Tages würden sie auf ihrem kalten Sofa sitzen
und an all ihre verflossenen Lieben denken
und sie würden sich an meine funkelnden Seiten wenden
– ich aber würde weit fort, weit fort, weit fort sein.

Eines Tages würden sie an gedeckten Tischen feiern,
sich nach traurigen, leidvollen Liedern sehnen,
sie kämen den Flammen meiner Lieder nah,
ich aber würde weit fort, weit fort, weit fort sein.

Eines Tages würde meine Geliebte trockenen Auges
wieder nach meinen Zeilen suchen,
und eine Träne der Reue würde über ihre Wange laufen,
ich aber würde weit fort, weit fort, weit fort sein.

Doch falls sie sich über die Wiege des Lichtes beugen,
wo das Neugeborene süß und lieblich lächelt,
und falls sie dem Kind meinen Namen gäben,
würde ich zurückgekehrt sein, zurück, zurück.

*

Melancholie:
„...nächtelang krank, besinnungslos..."

Das gesamte 20. Jahrhundert hindurch finden sich, als ly-
rischer Widerhall der Realität, armenische Gedichte, die
den Weltschmerz ihrer Verfasser ausdrücken. Dies gilt
besonders für das Werk Intras (Tiran Tschrakjan bzw.
Tscharakjan), der als Dichter, Autor von Aufsätzen sowie
als Maler und Lehrer in die armenische Geistesgeschich-
te einging. Seine Essaysammlung *Innenwelt* (1906) sowie
seinen Sonettzyklus *Zypressenland* (1908) zeichnete er
mit dem Anagramm seines Vornamens Tiran. Sein kunst-
volles, bisweilen manieristisches Westarmenisch stellt
eine Herausforderung für jeden Übersetzer dar.

Als Adventist des 7. Tages gehörte Intra seit 1913 ei-
ner winzigen konfessionellen Minderheit innerhalb der
armenischen Gemeinschaft an. Sein Beitritt scheint mit
einer seelischen Krise zusammenzufallen, die sich mit
Ausbruch des Weltkrieges noch verstärkte.[30] Die adven-
tistische Kirche im Osmanischen Reich war 1893 von dem
Armenier Sadur Baharjan gegründet worden, der dieser
bis 1908 verbotenen Gemeinde lebenslang als Präsident
vorstand. Etwa 250 der insgesamt 450 osmanischen Ad-
ventisten kamen während des Genozids ums Leben, dar-
unter auch der deportierte Baharjan, den kurdische Irre-
guläre bei Sivas aus dem Hinterhalt erschossen.

Nach dem Genozid von 1915 verlor Intra vollends sein
seelisches Gleichgewicht, brach seine Lehrtätigkeit ab
und zog als Nachfolger Baharjans durch die Provinzen,

---

30 Bardakjian, Kevork B.: A Reference Guide to Modern Armenian Lite-
rature, 1500-1920; with an Introductory History. Detroit: Wayne State
University Press, (2000), S. 377

eifrig Frieden und Eintracht predigend. Die adventistische Gemeinschaft bestand zu diesem Zeitpunkt aus weniger als einhundert Gläubigen, die meisten davon in Konstantinopel. Die Kemalisten nahmen Intra 1921 fest und deportierten ihn. Dem Zeugnis eines Leidensgefährten zufolge verlor der Dichter während des eintausend Kilometer langen Marsches, der in Konya begann, den Verstand. 1921, am Ende seiner Kräfte, schickte Intra den Glaubensgeschwistern auf Papierzetteln verfasste Briefe und Notizen. Kurz vor seinem Ende schrieb er mit zitternder Hand die Worte des 23. Psalms, Vers 4: *„Und ob ich schon wanderte im finstern Tal, fürchte ich kein Unglück; denn du bist bei mir, dein Stecken und dein Stab trösten mich."* Kurz darauf starb Intra, erschöpft und ausgezehrt, am Ufer des Tigris nahe Diyarbekir.[31]

Das Schicksal des Dichters, Literaturkritikers und autodidaktischen Übersetzers (Französisch) Artasches Harutjunjan steht für jene ermordeten Intellektuellen, die aus den osmanischen Provinzen stammten. Harutjunjan publizierte unter dem Eindruck des französischen Symbolismus seit 1902 in verschiedenen Zeitschriften. 1912 zog er mit seiner Familie nach Konstantinopel, wo er an armenischen Schulen unterrichtete und für eine französische Versicherung arbeitete. A. Harutjunjan gehört zu den am 24. April 1915 Festgenommenen und starb am 16. August 1915 als Deportierter in Nicomedia (türk. Izmit).

---

31 Heinz, Daniel: While Justice Lingers: A nearly forgotten story of Armenian Adventists. "Adventist Review Online", http://www.adventistreview. org/1527-26; ders., Adventisten im Osmanischen Reich—ein Fallbeispiel für Islamische Intoleranz, in: "For You Have Strengthened Me": Biblical and Theological Studies in Honor of Gerhard Pfandl in Celebration of His Sixty-fifth Birthday, ed. Martin Pröbstle, Gerald A. Klingbeil, and Martin G. Klingbeil. (St. Peter/Hart, Austria: Seminar Schloss Bogenhofen, 2007), S . 453-478

Auch seine melancholische Lyrik drückt tiefe Ängste und Verstörung aus.

Für die folgenden Dichter wurden die Vorahnungen der älteren zur Gewissheit. Vor dem Hintergrund der kollektiven Vernichtungserfahrung setzt sich der Weltschmerz auch nach dem Zweiten Weltkrieg und bis in die Gegenwart fort.

Artasches Harutjunjan

Traum ohne Ausweg

Verfolgt von einem großen Traum
bin ich ein irrender Nachtwandler,
der dem liebevollen Mutterschoß
eines Nachts entfloh.

Die ganze Nacht lang laufe ich.
Die Nacht ist unendlich. Sie dehnt sich,
so dass sich der traute heilige Schimmer
der lieblichen Morgenröte verspätet.

Wird denn jener gewaltige Nachttraum
Genau wie ich einst verlöschen?
Die schwarze Nacht verlängert sich,
die endlose Nacht verlängert sich stetig.

Meine Wunde sitzt tief, der Schrecken zu groß,
unterliege ich beiden? Bin ich schon hoffnungslos?
Und ohne Ziel, nicht mehr imstande
zur Heimkehr in den Mutterschoß?

Mein Herz voll grenzenloser Trauer

Mein Herz ächzt vor grenzenloser Trauer,
während ich spöttisch lächeln sollte,
um leichthin das vertraute Leid zu liebkosen,
während ich den Tränen nicht wehren kann.

Und doch tue ich es, der Mutter Natur ergeben,
stolz und taub in meiner verborgenen Trauer.
Das Leben durchmessend mit ruhigen Schritten,
verrät mein Antlitz weder Leid, noch Erregung.

Suchend nach der letzten Heimstatt meiner Seele
betrachte ich so den traumhaften Morgen
oder die Blässe des schattigen Abends
oder die nächtlichen Lichter gegenüber.

*

Wieder steht der Herbst im Land.
Düster, leidvoll, nass.
Die Blätter fallen,
farblos, dürr und blass.

Namenloser Schrecken
umflattert mich.
Meine verwundete Seele gleicht
einer verwitweten Braut.

An der feierlichen Trauer,
an den kommenden schwarzen Tagen
hege ich starke Zweifel.

So lebe ich, trotz meiner Schmerzen
mit spöttischem Lächeln,
stolz in meiner Zurückhaltung.

1912

*

Intra

Begehren

Vielleicht eine Klippe, sehr rau, sehr wild,
einsam und brach, mit steilem Abhang,
und vorne ein Hain voller Zypressen,
mit einem Gemäuer aus der Kreuzfahrerzeit.

Ringsum umschließt mich ein Ozean, traurig,
Zypressen stehen verstreut, ragen himmelwärts,
mächtig und schlicht, geschaffen für die Ewigkeit.
Dort hätte ich gerne gelebt, fern von der Welt.
Gegen die tiefen und hohen Fenster
hätte der Ozean die Hoffnung auf Buße gewispert,
tröstlich hätten die Zypressen zum Himmel geächzt.

Vielleicht wäre ein schuldfreies Leben dort geglückt.
Vielleicht auch der Glaube an Wiedergeburt möglich.
Dann bliebe das Ende mein einzig betrübter Wunsch.

Mitleid und Liebe

Ich lausche der Melodie eures stillen Gedankenaus-
tauschs,
grandiose Zypressen, ich spüre euch genau,
denn einer schilfenen Harfe gleich ist meine traurige
Seele eingestimmt auf eure erhabene Art.

Liegt nicht euer schlicht schwarzer Schatten
Weihrauch gleich auf den traurig seufzenden Pfaden?
Die grüne Pyramide aus dichten Zweigen
verehre ich stets. So lange ich atme, preise ich euch.

Ihr ältesten Triebe der Welt, zauberhaftes Gefühl!
Ein Gedicht seid ihr, aus Weihrauch und Tränen.
Und dies ist der Grund eurer Schönheit und Erhabenheit.

Denn die Leidenschaft des Dichters ist nichts
als Trauer um beklagenswerte Kurzlebigkeit
und ein Liebeslied für unsterbliche Gebilde.

Über das Blaue

Auf gefälligen Wiesen, von Höllenschmerzen
verschont und fern ragen die Zypressen auf.
Unberührt von Freude oder Schmerz
gehören sie längst nicht mehr zu diesem Leben.

Mag im Tal der Blitz seine Funken schlagen,
wilde Dornen knicken oder verblühte Blumen.
Denn Halme, die noch nie ein Strahl getroffen,
ersehnen voll Trübsinn den heißen Moment.

Von solch nichtigen Freuden und leeren Klagen
ist nichts im Flüstern der Zypressen hörbar,
da sie stets in die Höhe streben.

Sie glänzen in der Unendlichkeit des Lichts
und ragen in die Dämmerung des Morgens
noch höher als des Tages wärmende Sonne.

Der Wunsch

Es kommt der Tag, da mich das trügerische Leben verlässt,
wenn mein Rebellenhaupt sinkt, die Arme sich verbiegen.
Vorm Wind aus dem Abgrund erkaltet mein Körper.
Ich, das Opfer des Verlustes, beschreite den Weg des Verlusts.

Dann soll mein Zypressenhain mich betrauern,
mir nächtliche Klagelieder singen,
und die ältesten und schrecklichsten dieser Lieder
sollen meinen Vertrauten als Morgendämmerung
schluchzend glitzern.

Die Dämmerung seines Sternbildes macht zum Zeichen
der Trauer um den alten Sänger.
Lasst eure schwarzen Saiten seine Harfenbegeisterung
preisen!

Verkündet, ihr unsterblichen Gebilde,
dass er einsam kam, um sich an euch zu schmiegen und
weihrauchselig euch im Schmerz der Kurzlebigkeit zu
lobpreisen.

1908

*

Jerische Tscharenz

Nächtelang krank

Nächtelang krank, besinnungslos.
Ich fieberte nach Sonnenlicht.
Doch rings umher war Schweigen nur.
Verblichen hing der Mond am Himmel.
So wie man um ein Wunder fleht,
ersehnte ich die Glut der Sonne,
erflehte Worte: kühn, gewichtig,
die sonnengleich entflammen sollten.

Doch blieb wie vorher alles blass und nichtig.
Von Sonne, Kühnheit keine Spur.

1915

Herbst

Der fahle Herbst hockt auf der Schwelle.
Er friert und zittert, er wehklagt.
Ein schlimmes Ahnen
knickt die welken Gräser:
Der Wolkenschlund des Himmels
wird sie bald verschlingen.

Es friert und zittert auch mein alter Hund.
Er presst sich an mein Bein,
und auf dem Grunde seiner Augen
glimmt trübe Furcht
wie aus der Brunnentiefe.
Mit seinen Blicken warnt er mich:
Der Herbst ist eingetroffen!

Ganz recht, mein Hund, der Herbst ist da!
Komm, press dich an mein Bein und fletsche:
Der Herbst, das ist ein hungerswilder Wolf,
der Herbst bringt Nebel, Weh und Tod der Erde.

1919

*

Rasmik Dawojan

Gott

Vom Regen geschlagen, vom Winde gehetzt,
kam Gott in löchrigen Sandalen daher,
Er, mit den himmlischen Tränen,
Er, dessen Lebensweg Trauer bedeckt.

Er schritt leicht und allwissend aus,
gleich Anfang und Ende des Lebens.
Die Zauberglocke,
die in seinen Händen schwingt,
verkündet Glück und Wunder.

Und ging dahin,
allein und von der Welt verstoßen,
und niemand, keiner ruft ihm zu,
um Schutz vor Wind und Regen anzubieten.

Und zu der gleichen Zeit,
als sich vor dieser schlimmen Welt
die Finsternis der Himmelsweiten auftut,
da flehen ungezählte Hände ihren Gott
um Güte und Erbarmen an.

Versunkene Erinnerungen

Versinkender Himmel und versunkene Erinnerungen -
wo sollen wir unseren Kummer begraben heute Nacht?
Wo sollen wir, neben den heute erst begrabenen Sorgen,
unseren Kummer begraben heute Nacht?

Die klaren Sterne des Himmelssees,
des Mondes schlichter Opfertisch sind blau.
Wir hängen unseren übermüden Himmel
voll Schwermut, voller Liebe
in die Wälder des Himmelssees.
Morgen erhebt sich die heilige Sonne
und hüllt uns mit unseren Sorgen ein.

Kälte

Kalt war das Dasein, kühl und kalt.
Zum Singen bestand kein Grund.
Es gab bloß eines schwülen Sommers
Leiden, Qualen, Sehnsucht.

Kalt war das Dasein, kühl und kalt -
ein Wintertag im Hochsommer,
der trübsinnig
mit Herbstesschatten raschelt.

Kalt war das Dasein, kühl und kalt.
Allein ein menschenfeindliches Gesicht
erhebt sich über unberechtigten Träumen,
über erstorbenen Sehnsüchten.

Träume

Man legte mich an einem Frühlingstag ins Bett,
wo meine Träume mich umhüllten.
Sie pflanzten mir, wie Feuer in die Erde,
glänzende Ideen ein
und küssten meine zittrigen Hände.

Sie schwanden, sie verloren sich
und tauchten wieder wie im Märchen auf.
Und ich, in weißen Laken weiß,
zerfiel im Nu zu Asche.

Doch über den Schutzwall
meiner Asche hinweg
nähert sich schweigend ein endloser Zug:
Sie alle, augenlos und stumm,
vermörteln mich mit ihren reinen Tränen
und formen mich zu ihrer Tränen Krug.

*

Warand

Das Klavier

Unsere Traurigkeit ist ein Felsen in dieser Nacht,
ein wachsender Felsen, der bersten kann.
Unsere Traurigkeit ist stumm und leer,
        wer würde denn lächeln für das, was kommt?

Unsere Traurigkeit ist ein Stier in dieser Nacht,
ein verblutender Stier, ein Schwert im Nacken.
Unsere Traurigkeit wird weiter eitern.

Wer schenkt uns den passenden Wein ein?

Unsere Traurigkeit ist heilig in dieser Nacht,
eine Gottesmutter, die zum Himmel blickt.
Unsere Traurigkeit, wie ein warmer Tropfen Blut.
Wann endlich entkommen wir der Kälte?

Unsere Traurigkeit ist eine Jungfrau in dieser Nacht.
Ein kahler Tempel der Hripsime,
ein Buch ohne Worte, Gesang ohne Lied,
unsere Traurigkeit – wortlose Rede.

Unsere Traurigkeit ist Gift in dieser Nacht,
ein blinder Trommler, bettelnd und alt,
im Evangelium gekreuzigter Schmetterling.
Hilft uns das Licht der Kerze noch?

Unsere Traurigkeit ist ein Feld in dieser Nacht,
das der Mond in sein Licht taucht,
kleine Vogelscheuche, Dämon unseres Feldes,
Träum von einem sonnigen Junitag ...

Unsere Traurigkeit ist ein Halm in dieser Nacht,
der zertreten wurde, über Jahre, erstickt.
Wer weiß, wo es noch Strahlen des Lichts gibt,
die zu Flöten werden, zu eintönigem Regen ...

Unsere Traurigkeit ist Licht in dieser Nacht,
wie die Ruine des alten Klosters.
Unsere Traurigkeit ist ein schwarzes Klavier,
Das nur für unsere Traurigkeit spielt.

*

Anahit Parsamjan

Vergänglichkeit

Schwermut und Trauer steigen aus Tälern auf,
gerinnen zu Tränen und werden zum Lächeln.
Wo blieb der blaue Märchenvogel,
der meiner Träume Weizen pickte?

Und wo die Wunder, wie die große Liebe
und die Verheißungen des Alls?
Jetzt bin ich aufgeklärt und weiß:
Nichts ist im All, das unvergänglich wäre.

Drum kreuzigt meine Hände, verbindet mir die Augen,
auf dass von mir nur eine warme Woge bleibe,
auf dass ich ein weißer Akazienbaum werde,
im letzten Licht der Blumenausstellung.

*

Vom Sinn des Lebens:
„Mit dem Lied geh vorsichtig um..."

Die Frage nach dem Lebenssinn beschäftigte auch die armenischen Verfasser von Gedankenlyrik, insbesondere nach dem Zweiten Weltkrieg. Menschliches Einfühlungsvermögen, Mitgefühl und staatsbürgerliches Verantwortungsbewusstsein bildeten für die Dichterin Silwa Kaputikjan zivilisatorische Grundwerte, die Lebenssinn stifteten, selbst wenn sie unter deren Bürde klagt: „Denn was geht es mich an, / ob es stürmt oder schneit? / Ob irgendwo ein Kindlein weint? / Der gerade Weg sich krümmt oder biegt? / Die Lüge obsiegt, als Wahrheit getarnt? / Zum Teufel mit ihr, falls ihr das gelingt. / Ist mir denn bestimmt, / Rost und Schwamm abzukratzen?" (*Warum dann noch leben?* 1978).

Der politischen Verfolgung von ›Nationalisten‹ im Zeitraum 1920-1949 durch das Sowjetregime entging Kaputikjans Familie, weil ihr Vater bereits drei Monate vor ihrer Geburt bei einer Choleraepidemie gestorben war und seiner Tochter in ihrem Werk und öffentlichen Leben der Spagat zwischen Anpassung und jener persönlichen, emotionalen Aufrichtigkeit gelang, die sie für eine sehr breite und unterschiedliche Leserschaft inner- und außerhalb der Sowjetunion glaubwürdig machte. Auf dem Höhepunkt der Karabachbewegung empfing Ende Februar 1988 der Generalsekretär des Zentralkomitees der KPdSU, Michail Gorbatschow, die *Grande Dame* der sowjetarmenischen Lyrik, um mit ihr und ihrem karabach-armenischen Schriftstellerkollegen Sori Balajan über ein

Moratorium der Streik- und Protestbewegung für Karabach zu verhandeln; Gorbatschow äußerte bei dieser Begegnung, dass er und seine Frau Raissa die Lyrik der armenischen Emissärin schätzten.

Auf der Suche nach einem eigenständigen, unverbrauchten Sprachstil halfen Geworg Emin vor allem die Bekanntschaft mit dem herausragenden Dichter Jerische Tscharenz, den Emin als Schüler in Jerewan persönlich kennen lernte, sowie das Studium altarmenischer Handschriften und Texte. Auch die französischen Symbolisten dienten als Vorbilder.

Ein wirklicher Ausbruch aus den Bevormundungen und damit verbundenen Stereotypen gelang jedoch erst nach dem Tode Stalins (1953) und der nachfolgenden Liberalisierung ab Mitte der 1950er Jahre. Gemeinsam mit dem etwas jüngeren Parujr Sewak verkörperte Emin in der sowjetarmenischen Dichtung die kritische Aufbruchstimmung des sowjetischen „Tauwetters", die Emin mit einem profunden Zweifel an der Fortschrittsfähigkeit der Menschheit verband. Auf die im 20. Jahrhundert immer stärker spürbare Schere zwischen technischen Fortschritt und ethischem Stillstand, auf Hochrüstung mit Massenvernichtungsmitteln und auf genozidalen Massen- und Serienmord in zwei Weltkriegen nahm er in vielen Werken Bezug, am deutlichsten in seinem Gedicht *20. Jahrhundert* aus dem gleichnamigen Zyklus (1970). Gleichwohl beendet er es mit einer optimistischen Bewertung: „Dir ist bestimmt, zum Jahrhundert der Wahrheit zu werden,/ der Güte und Gerechtigkeit,/Zeuge des Kampfes auf schwieriger Bahn,/- mir, dein mittelalterlicher Barde zu sein." In seinem Gedicht *Schlaflosigkeit* (1970), ebenfalls aus dem Zyklus *20. Jahrhundert*, hinterfragt Emin erneut den vermeintlichen Fortschritt: „Mensch, was tust du/ wohin fliegst du/ schneller und schneller/ zu den Höhlen des Vormenschen?"

Lebenslang auf die Kraft des lyrischen Worts vertrauend, begriff Emin die Dichter als Welt- und Staatsbürger, deren wichtigste Waffe, das Wort, sie zu höchster Verantwortung verpflichtet (*Aphorismus*).

Daniel Waruschan

Segnung der vier Enden der Welt

Im Osten der Welt
soll Frieden herrschen.
Statt Blut fließe Schweiß
in die breiten Ackerfurchen.
Und der Ausrufer verkünde
ausschließlich Gutes in den Weilern.

Im Westen der Welt
möge die Ernte reich sein.
Von jedem Stern tropfe Tau,
jede Ähre schmelze zu Gold.
Mögen Keimling und Blüte
die an den Hängen weidenden
Herden nähren.

Im Norden der Welt
herrsche Überfluss.
Im goldenen Ährenmeer möge
ewig die Sense schwingen.
Es herrsche Freude,

wenn sich die großen
Mehlspeicher öffnen

Im Süden der Welt
regiere die Fruchtbarkeit.
Mögen im Bienenstock der Honig
und im Glas der Wein überquellen.
Und backen die jungen Frauen das Brot,
sollen stets Liebeslieder erklingen.

*

Jerische Tscharenz

Epischer Tagesbeginn

Der Morgen blickt mir in die Augen
streng und gefasst.
Bald schon beginnt ein neuer Tag,
der mir das Herz mit Freude füllt.
Denn gut tut es, sich morgens zu erheben,
zu sehen, wie die Nebel weichen,
der Rauch in Säulen
aus den Schloten steigt,
zu spüren, dass auch Sorge deiner harrt,
ein langer Weg noch vor dir liegt,
ein Weg, der noch nach oben führt,
und eine undurchmessne Strecke.

Und plötzlich standest du vor mir,
als meine allerletzte Prüfung...
Beschwerlich ist mein Weg vielleicht,
doch will ich ihn mit offenen Augen gehen.
Die Sorge blickt mir jetzt entgegen.
Doch soll mein Werk von Dauer sein

und wie die Sonne im Zenit,
gilt es, den langen Kampf zu wagen.
Vorwärts zu schreiten fordert heute
der Wille künftiger Geschlechter.
Und deine unsichtbare Hand
geleitet mich auf diesem Weg.

Im Guten trenne ich mich nun
von meiner sorgenlosen Kindheit,
von meinen dreisten Jünglingsjahren,
so unbändig, so unbeschwert.
Und ohne jede Bitterkeit
entbiete ich dir meinen Gruß,
dir, meiner letzten Morgenröte,
meinem epischen Tagesbeginn.

1929

Aus dem „Buch des Weges"

Du weißt, du hast dies letzte Werk
nicht für den Tag allein geschrieben,
doch auch für ferne, lichte Jahre,
vielleicht sogar Jahrhunderte.

Denn was aus deinen Zeiten überdauert
und edel war und tief und rein,
ging in dein Werk unsterblich ein
und hat Gewicht und Antrieb dir gegeben.

9. August 1933

*

Silwa Kaputikjan

Wozu dann noch leben?

Wie viele Male
versprach ich mir
die Stille der Seele,
den Frieden des Herzens?
Nie wieder Ärger,
nie mehr Verdruss.
Denn was geht's mich an,
ob es stürmt oder schneit?
Ob irgendwo ein Kindlein weint?
Der gerade Weg sich krümmt oder biegt?
Die Lüge obsiegt,
als Wahrheit getarnt?
Zum Teufel mit ihr, falls ihr das gelingt.
Ist mir nur bestimmt,
Rost und Schwamm abzukratzen?
Ist mir nur bestimmt,
krumme Wege zu graden?
Muss ich erretten die erstickende Welt?
Und wie oft noch im Leben?
Ja, wie oft denn im Leben?
Drum hab ich mir fest das Wort gegeben:
taubstumm zu bleiben,
mich zurückzuhalten,
um für mich allein
ganz in Ruhe zu leben.

Aber was für ein Leben?
Und wozu dann noch leben?

1978

*

Gework Emin

Aphorismus

Mit dem Lied geh vorsichtig um,
wie mit einer Waffe,
falls das Jahrhundert verworren ist.

Denn wisse:
Aus dem gleichen Blei gießt man
Kugeln und Lettern.

Aus dem Reisenotizbuch

Ein kürzeres Wort
als Nein oder Ja
gibt es nicht und nirgends.

Doch oft reicht nicht
eine Lebensspanne,
um Ja oder Nein zu sagen.

In diesem Alter

In diesem Alter
sind die meisten Begabten dahin.
Im Krieg gefallen,
Opfer von Verrat
oder Palastintrigen,
in Kerker geworfen, dunkel und grau.
Oder ruhen auf Lorbeeren aus.
Oder radierten ihr Leben aus,

wie einen überflüssigen Satz,
in Einsicht ihrer Unfähigkeit
frei zu atmen,
zu begeistern
und begeistert zu werden.

Wer in diesem Alter
noch bei Kräften ist,
ist nun im Ehestand,
war er auch einst ein feuriger Liebhaber;
gilt als Theaterkenner,
wo er zuvor als Schauspieler glänzte.
Trainiert eine gewöhnliche Sportmannschaft,
obwohl er selbst ein Champion war.
Ein stürmischer, rebellischer Tscharenz
sinkt herab zum redseligen Federfuchser
und bleibt nur in der Erinnerung Autor,
nachdem alles Erinnerung wurde.

In diesem Alter
und in diesem Elend
bleibt einzig jung,
wer aufrecht den Kopf trägt,
wessen Wesen unwandelbar blieb,
wer wie Atemluft
die Begeisterung braucht,
wie das strahlende Licht,
wie das Beben des Verliebten.
Jener, dessen erhabener Traum
weder ein Maß kennt
noch Ziffer und Zahl,
den trifft nichts Gutes,
doch auch das Schlimme nicht
und auch kein Alter.

Sing für mich!

Sing für mich!
Aber sing so,
dass dein Lied
weder Anfang hat,
noch Ende.

Dass es mich anrührt,
doch mir nichts abverlangt
gleich dem Regen,
der für mich fällt,
doch für alle anderen auch.

Sing für mich!
Aber nur so,
ohne Grund
und ohne Zweck.
Ich habe nichts zu bekommen,
doch auch nichts zu geben.

Sing,
aber nicht davon, was war.
Und nicht davon, was ist.
Und nicht davon, was wird.
Sondern ein anderes Lied,
von dem, was unvergangen ist,
und auch keine vergängliche Zukunft,
sie sei rosig oder grau.

Warum verstummst du?
Sing doch für mich!

Die Eule

Eine vor Jahren verübte Sünde
schämte sich vor dem Tageslicht.
Die ganze Nacht litt schlaflos die Eule.

Es stöhnt die Eule,
es klagt die Eule,
es ruft mich die Eule.
Auch ich quäle mich schlaflos durch die Nacht.

Was soll ich bloß tun?
Aufstehen, um ihrer Klage zu lauschen?
Verständnisvoll ihre Qualen teilen?
Ihre Trauer vertreiben, ihren Zweifel zerstreuen
und der ganzen Welt in Versen mitteilen?
Reicht mir nicht, gütiger Gott, die eigene Last?

Es stöhnt die Eule,
es klagt die Eule,
es ruft mich die Eule.
Ich quäle mich und liege wach.

Ach, was soll ich tun?
Wessen Schmerz teilen?
Wessen Sünde mit meinen Liedern sühnen?
Ich, der Empfindsame und folglich Unselige
wurde stellvertretend für alle Frauen verlassen,
wurde stellvertretend für alle Männer verdammt
zum Galeerendienst.

Was nutzt es mir, dass ich als Dichter geboren ward?
Bin doch auch ich ein Mensch,
eben nur ein Mensch.

Zwanzigstes Jahrhundert

Zwanzigstes Jahrhundert.
Mir schien, ich sei erwachsen nun
und gereift.
Lese ich doch Goethe,
lausche Beethoven,
studiere Hegel.
Doch siehe da,
erneut bin ich das unartige Kind,
das die Welt
wie sein Spielzeug zertrümmert.

Zwanzigstes Jahrhundert.
Noch in der Höhle
erschuf ich das Feuer und das Licht.
Aus der Höhle zog ich ins Hochhaus.
Das Feuer, von mir erzeugt, habe ich getarnt
und bin zur Höhle zurück gekrochen,
fliehend vor meiner Furcht,
vor dem Verrat des gespaltenen Atoms
und meiner eigenen Hände.

Zwanzigstes Jahrhundert.
Der Brand von Neon
oder von Nero, dem Nervenkranken,
von der Gestapo
und den Gräueln von Deir-es-Sor,
vor denen selbst die schwarzen Kerzen
des Mittelalters verblassen,

wo Länder und Nationen,
sich anfeuernd, zwei Mannschaften bilden
und Fußball mit dem Globus spielen.

Zwanzigstes Jahrhundert.
Der Preis der Beine der Brigitte Bardot.
Der wilde Schrei des Jazz
am Sterbebett eines Krebskranken.
Und ein Twist am frischen Grab der Angehörigen.

Zwanzigstes Jahrhundert.
Denkendes Gerät und Menschenmaschinen,
die sich von Deir-es-Sor bis Auschwitz
mit Blut besaufen.

Eine Glosse,
geschrieben auf den reinen Rand
einer Bibel.
Lobpreisung des Hinterns
und im Kopf ein Tabu...

Zwanzigstes Jahrhundert.
Angespannte Nerven,
bittere Galle,
im Blut ertränktes Herz,

wo alles todbringend wird,
was Leben spendend war:
Der Regen,
der Wind
und der Lichtstrahl.

Zwanzigstes Jahrhundert.
Wo du dem Gerechten
den Schädel einschlägst
und Whiskey säufst im Schutz des Henkers.

Parade der Lügen und Sensationen.
Und die Gerechtigkeit erhängt

an den Masten des Rundfunks,
gekreuzigt an Fernsehantennen.

Zwanzigstes Jahrhundert.
Befreiung geknechteter Völker
und neue Knechtschaft der Befreiten.
Korrekte Antwort auf alle Rätsel
und doch eine schwierige Frage offen.

Zwanzigstes Jahrhundert.
Göttliches Licht des menschlichen Denkens
und Lampenschirme aus Menschenhaut.
Zeichnungen auf Höhlenwänden,
Jahrhundert der Bilder.
Ein Wort, getrennt von seinem Inhalt.
Wie lange stößt man dich auf diese schiefe Bahn?

Zwanzigstes Jahrhundert.
Atompilz über der Wiege
des Neugeborenen.
Atomarer Regen auf dem Sarg des Greises.
Bist du denn das Ende?
Folgt dir kein
einundzwanzigstes Jahrhundert?

Doch wie oft man dich auch
ins Mittelalter stößt
oder nach Diktatoren benennt:
Dir ist bestimmt,
zum Jahrhundert der Wahrheit zu werden,
der Güte und Gerechtigkeit,
Zeuge des Kampfes auf schwieriger Bahn,
- mir, dein mittelalterlicher Barde zu sein.

*

Ljudwig Durjan

Der Baum

Du bist kein Baum,
der am Waldrand steht,
den viele sehen und mancher kennt.
Du bist verwurzelt in Waldestiefen,
wo übers Jahr dich kaum
ein Mensch erblickt.
Sieh dies als dein Glück an, nicht als dein Pech!
Wichtig ist nur, dass du bist und gedeihst
im mächtigen Wald...
Wichtig ist nur, dass auf deiner Krone
der Adler sitzt.

1973

*

Ruben Hachwerdjan

Traum

Vergiss all ihre Predigten!
Ihre Predigt sättigt nur sie allein.
Du selbst wirst davon blöde.
Vergiss all ihre Gebete!
Glaub an dich selbst!

Glaub wenigstens einmal deinem Gott!
Glaub deiner Seele, vertrau dir selbst!
Verbrenne die Brücken deines Rückzugs,
verbrenne die Brücken deiner Rückkehr!

Von Geburt an betrogen bist du, mein Stier!
Stumpfsinn hat dir die Sinne vernebelt.
Entmannt wurdest du zum Ochsen,
um dein Lebtag als Zugtier zu frönen
und bis zum Tod als Sklave zu schuften.

Bescheide dich, fleißiger Ochse,
Pflüge den endlosen Acker!
Wenn es Abend wird, trotte still zum Stall,
käue das dir zugeteilte Heu wieder
bis dass der Morgen graut.

Von Gesetzen ermüdet verendet das Vieh,
seine Todesangst stets vor Augen.
Warum nur, Welt, hast du diese Herde erzeugt,
die sich trotz allem wollüstig fortpflanzt?

Gesetze haben die Türen verriegelt.
Glanzvolle Wege enden im Abgrund.
Darin begraben liegen
die strahlenden Träume,
sämtliche strahlenden Träume.

Liebe, du gefälliges Vergessen,
halte doch öfters Einkehr bei uns!
Aber wir wissen: Alle Wege
Enden stets nur im Tode.

*

Warand

An der Ecke

Er putzt ihre Schuhe,
gibt ihnen Form,
Ich singe die Hymnen
unserer Zeit.
Er repariert
ihre abgetragenen Schuhe,
Ich flicke
die Fetzen der Seele.
Auf seiner Schulter
trägt er Wachse und Farben,
ich
unsere Lieder.

Eine Weile schauen wir uns an,
an der Ecke,
Ich – der große Fürst,
Er – der König vom Bürgersteig ...

Höllischer Sonntag

Als der Schöpfer die Welt schuf,
fehlte der Sonne ein letztes Etwas,
ihr Licht war zu dunkel,

Der Regen zu trüb,
das Veilchen zu bescheiden,
das Feuer zu rein ...

Es fühlte sich die Melodie

des stürzenden Wassers
viel zu makellos an,
wie auch der Durst
    der keimenden Sprosse,
der stärker war als die Hitze der Welt.

Und dann bemerkte Gott,
was noch unvollendet war
an der Welt,
er hatte noch nicht
    etwas Wesentliches geschaffen ...

Etwas sollte es sein
wie seine eigene Seele,
    den Menschen eine Zuflucht,
es sollte unverhüllt und klar
und doch auch fraglich sein.
Etwas, das
    einfach und verständlich
und zugleich
voller Gegensatz war ...
nur eine Schöpfung noch ......

Also begann er
    mit den Urelementen,
verknüpfte sie und versah sie
    mit der Seele des Schöpfers,
er fügte den Sturm
    seines Atems hinzu,
und vollendete
    sein letztes Werk.

Er hatte die Seele des Dichters erschaffen ...

Die Poeten

... sie waren stets unbesiegbar.
Durchsichtig wie der Nebel
    bei Sonnenaufgang,
oder ein himmelblauer Traum, doch
    für die Ewigkeit.
Sie sind vertraut mit großen Leiden,
aber
sie tragen das Gewand der Glückseligkeit,
sie stehen auf dem letzten
    (vielleicht auch ersten),
      ungeborenen, doch alten,
        einzigen Planeten ...
Sie kommen zur Welt bei jeder Morgendämmerung,
werden getauft
im Regen der Tugend,
waschen sich im Blau des Himmels,
vergießen aus der Schale des Lebens
den Glauben an neue Freude.

Zu sein 1

Entschieden zu sein, und freundlich alsdann
die Sorgen der Welt auf sich laden,
so dass man nie versucht sein kann
über sich oder andre zu klagen.

Das Leben hindurch ungebeten, allein,
nur im Kloster des Herzens zu beten,
doch trotzdem stark wie ein Schmied zu sein
und die Stille im Schatten zu segnen.
Lässig zu sein als stünde die Zeit still,

doch starr zu sein wie der Sonnenschein,
zu lauschen nur den Stimmen der Winde,
als ob es Harfen, Violinen seien ...

Des Jahrhunderts gewaltigen Atem zu tanken,
mal Hammer, mal Nagel zu sein,
aufwärts zu streben wie Efeuranken,
nach unten wie eine Flut zu schnellen ...
Pflüge zu schmieden, Metall zu formen,
zu lachen, zu weinen in gleichem Maß,
vergeblich zu gehen und wiederzukommen,
den Tod hinzunehmen als sei er ein Spaß.

Zu sein 2

... Geschmiedet werden wie blauer Stahl
an der Kuppel des Klosters in fahlem Licht,
verbluten im Blitz des Schwertes,
der die Rüstung der Nacht durchsticht.
Langsam zu rieseln, wie Schnee so rein,
die Gipfel der Berge bedecken;
frierend auf schmalem Gehsteig zu sein,
im Tumult der Großstadt zu stecken.
Zum Wasserfall werden, klar und hell,
die Gefahr des Fallens zu fürchten,
dann ausgegossen zu werden und schnell
in den ewigen Kristallsee zu stürzen.
Reich zu sein wie die dunkle Nacht,
doch arm auch wie schlichte Kerzen,
mit zahllosen Sternen Glück gebracht
und Gebete, nur aus dem Herzen ...
Firm zu stehen wie die Felsenwand,
überm Abhang gleich, unversehrt,

standhaft, obwohl vom Sturmwind gebrannt,
wie die Burg, die den Ansturm abwehrt.
Der Morgen ist grau, lieber Dichter, er singt
uns Wärme als käme der Frühling.
Doch wird es dir kaum möglich sein,
der Vergangenheit Becher zu leeren ...
Wenn du so dein Leben hast verbracht,
dass Menschen, die morgen hier stehen
und dein Lied vernehmen, darauf sind bedacht
dir zu gleichen und so fort zu gehen

Begriffserläuterungen

Ani: Armenische Festung seit dem 5. Jahrhundert; seit 763 im Besitz des Adelsgeschlechts der Bagratiden (armenisch: Bagratuni). Im 10. Jahrhundert entwickelte sich Ani zu einer bedeutenden Stadt, die König Aschot III. Bagratuni (951–977) 961 zur Hauptstadt seines Reiches erhob. Als König Gagik II. 1045 das Bagratidenreich den Byzantinern übergab, war das an der nördlichen Seidenstraße gelegene Ani als „Stadt der 1001 Kirchen" bekannt und zählte über 100.000 Einwohner

Ara (der Schöne; König): siehe Schamiram

Bjurakan: Dorf am Aragaz und Sitz des Astrophysikalischen Instituts

Daschnakzutjun (Haj Herapochakan Daschnakzutjun – Armenische Revolutionäre Föderation): Zusammenschluss verschiedener nationalrevolutionärer armenischer Zirkel und Organisationen zu einem Dachverband (Tiflis/Georgien, 1890) zur Erlangung der „politischen und wirtschaftlichen Freiheit Türkisch-Armeniens", zunächst durch Reformen. 1907 auf Antrag der ihr programmatisch und strukturell eng verwandten Sozialrevolutionären Partei Russlands in die Zweite Sozialistische Internationale aufgenommen.

Gawur (arab. kafir, pl. kuffar; türk. gavûr) „Ungläubige", Schimpfwort für Nicht-Muslime bzw. „Heiden", angewendet sowohl auf Polytheisten, als auch Monotheisten (Juden, Christen)

Hajk (Nahapet): Mythischer Vorfahr der Armenier; im Altarmenischen Plural des Ethnonyms „haj" (Armenier); nach christlich-armenischer Auslegung ist Hajk der Urenkel Noahs.

KPdSU: Kommunistische Partei der Sowjetunion

Massis: Armenische Bezeichnung des Großen Ararat. Der Kleine Ararat heißt auf Armenisch Sis.

Mesrop Maschtoz: Vormaliger Hofsekretär, dann Mönch; Schöpfer des armenischen Nationalalphabets (um 404) und gemeinsam mit seinen Schülern Übersetzer der gesamten Bibel in die Landessprache (433 abgeschlossen).

Millet (türk-arab. „Nation"): als „Glaubensnation" eine osmanische Institution, die den „Völkern des Buches" – Juden, Griechisch-Orthodoxen und Armenisch-Apostolischen Christen, im 19. Jh. auch Katholiken und Protestanten – gewisse Rechte der Selbstverwaltung einräumte.

Nairi: halbmythisches Vorgängervolk der Armenier; Synonym für Armenien

Pissik: „Kätzchen" (armenisch)

Polis (griech. „Stadt", westarmenische Aussprache: Bolis); armenische und griechische Kurzform für Konstantinopel

Sas (auch Saz; türk. Bağlama): mehrsaitige orientalische Langhalslaute

Schamiram: Die assyrische Königin Semiramis. Im armenischen Mythos versucht sie vergeblich, König Ara zu verführen und vernichtet ihn aus Rache.

Sejtun (auch: Zeitun; Zeytun; seit 1915 umbenannt in Süleymanlı). Das arabische Toponym leitet sich von armenisch „dsetun" – „Olivenbaum" ab. Die im Tauros-Gebirge gelegene Ortschaft und ihr Umland wurden erstmals Anfang des 15. Jhs. schriftlich erwähnt und bildeten einen Rückzugsort für Armenier, vor allem nach dem Ende des armenisch-kilikischen Königreichs 1375. Gegen einen jährlichen Tribut von nur 15.000 osmanischen Kurusch (Goldmünzen) genossen die Sejtuner ab 1627 Autonomie und regierten sich unter der Führung lokaler armenischer Adelsfamilien in einer Militär-Demokratie. Versuchen späterer osmanischer Sultane, die Autonomie gewaltsam aufzuheben, setzten die bewaffneten Bergbauern zwischen 1780 und 1909 41-mal heftigen Widerstand entgegen und gehörten deshalb 1915 zu den ersten Opfern des Genozids. Im März 1915 wurden die Armenier von Sejtun gewaltsam deportiert und in die Wüste von Deir-es-Sor vertrieben. Ihre Stadt brannte nieder. Ein Teil der Einwohnerschaft wurde noch vor Ort massakriert.

Surna (pers., auch: zurna): ursprünglich wohl aus Indien stammende und durch Roma-Musiker nach Kleinasien und auf den Balkan vermittelte Kegeloboe. In Armenien gilt die schrille Musik der Surna als sozial niedrigstehend. Sie wird zusammen mit der Zylindertrommel dhol bei Hochzeiten und sonstigen Familienfeiern im Freien gespielt. Im Gegensatz zur Surna stehen die in der gepflegten Kammermusik eingesetzte, weicher klingende Kurzoboe *duduk* und die armenische Längsflöte *blul* in höherem Ansehen.

Autoren

Atabek **Chnkojan** (genannt Խնկո Ապեր – Chnko Aper – „Bruder Chnko"; *1870 Lori, †1935 Jerewan): arbeitete seit 1890 als Lehrer; auf Kinderliteratur (Lehrbücher, Fabeln, Legenden, gereimte und Prosa-Poeme) spezialisierter Lyriker und Prosaschriftsteller im Südkaukasus sowie in Armenien (seit 1920)

Rasmik **Dawojan** (Ռազմիկ Դավոյան; *1940 Mets Parni bei Spitak, †2022 Jerewan): Dichter; publizierte seit 1957 über 30 Gedichtbände in Armenisch, Russisch, Englisch und Tschechisch. Die sowjetische Zensur blockierte jahrelang drei seiner Gedichtbände, darunter bis 1969 den Band *Requiem*, der dem Genozid an den Armeniern gewidmet ist.

Wahagn **Dawtjan** (Վահագն Դավթյան; *1922 Arapgir/ Türkei, †1996 Jerewan): publizierte seit 1935; Übersetzer russischer Dichtung und Autor von Poemen und Balladen; 1990-94 Vorsitzender des armenischen Schriftstellervereins.

Geworg **Dewrikjan** (Գևորգ Դևրիկյան; *1937 Rostow am Don/Russland, †1996 Jerewan): Historiker und Romanautor.

Ljudwig **Durjan** (Լյուդվիգ Դուրյան; *1933 Tschalt/ Russland, †2010 Jerewan): Zeitungsredakteur und Dichter; absolvierte 1971 Literaturkurse des Moskauer M. Gorkij-Instituts; publizierte 35 Gedichtsammlungen.

Geworg **Emin** (Գևորգ Էմին; d.i. Karlen Muradjan; *1919,

Aschtarak, †1998, Jerewan): Lyriker und Essayist; Übersetzer; 1940 Veröffentlichung der ersten Gedichtsammlung; 1940-42 Mitarbeiter am Matenadaran (Forschungsinstitut und Handschriftenarchiv) zu Jerewan; 1942-44 Kriegsteilnehmer, Verwundung. Seit 1942 Mitglied des Schriftstellerverbandes der UdSSR, seit 1953 Mitglied der KPdSU. 1949-50 Studium an der armenischen Abteilung des Moskauer Literaturinstituts; 1951-54 offizieller Korrespondent der russischsprachigen Wochenzeitung *Literaturnaja Gazeta* in Armenien; 1954-56 Studium in Moskau an der Hochschule für Literatur des Schriftstellerverbandes der UdSSR; 1968-74 Redakteur der Zeitschrift *Literaturnaja Armenija* in Jerewan. 1972 zusammen mit dem russischen Lyriker Jewgenij Jewtuschenko Lesereise in die USA. Seit 1973 Leitender Wissenschaftler am Institut für Kunst an der Akademie der Wissenschaften Armeniens.

Zweifache Auszeichnung mit dem Staatspreis für Literatur der UdSSR [1951 für den Gedichtband Neuer Weg (1949, 1953), 1976 für den Sammelband *Das Jahrhundert, die Erde, die Liebe* (1974; russ.)]. 1979 Tscharenzpreis für seine literarischen Übersetzungen ins Armenische (vor allem polnischer Dichtung).

Howhannes **Grigorjan** (Հովհաննես Գրիգորյան, *1945 Gjumri, †2013 Jerewan): Lyriker und Prosaschriftsteller, Übersetzer (aus dem Spanischen); publizierte seit seiner Schulzeit, darunter die Gedichtbände *Lieder ohne Musik* (1975), *Ein ganz anderer Herbst* (1979), *Regen bei traurigem Anlass* (1982), *Langsame Stunden* (1986), *Engel vom Kinderhimmel* (1992), *Zwischen zwei Fluten* (1996), *Halbzeit* (2002), *Die Tag- und Nachtgleiche* (2006), *Du wirst nie sterben – das wollte ich dir sagen* (2010). 2004 erschien sein erstes Prosabuch *Maestro* und 2008 die Essay- und

Artikelsammlung *Tag der offenen Tür in der Mheri-Höhle*. Grigorjans Gedichte wurden in viele Sprachen übersetzt. Er ist Träger mehrerer Literaturpreise, darunter die Mowses Chorenazi-Medaille (1998) und der Staatspreis der Republik Armenien (2011) im Bereich Literatur und öffentliches Reden für sein Gedichtsammlung *Du wirst nie sterben – das wollte ich dir sagen*.

Ruben **Hachwerdjan** (Ռուբեն Հախվերդյան; *1950 Jerewan): Barde und Komponist von Liedtexten und Musicals; absolvierte das Theaterinstitut Jerewan; 1968-1987 arbeitete Hachwerdjan im Fernsehen.

Artasches **Harutjunjan** (Արտաշես Յարութիւնեան; westarmenische Aussprache: Ardasches; Pseudonyme: Manischak, Ban, Schahen-Garo; Garo; *1873 in Malkara/ Ostthrakien, Bezirk Rodosto/türk. Tekirdağ, † 16.08.1915, Nicomedia [Izmit]): Dichter, Literaturkritiker und autodidaktischer Übersetzer (Französisch); publizierte seit 1902 unter dem Eindruck des französischen Symbolismus in mehreren Zeitschriften. 1912 zog er mit seiner Familie nach Konstantinopel, wo er an armenischen Schulen unterrichtete und für eine französische Versicherung arbeitete. A. Harutjunjan gehört zu den am 24. April 1915 Festgenommenen und starb am 16. August 1915 als Deportierter in Izmit.

Hratschja **Howhannisjan** (Հրաչյա Հովհաննիսյան *1919 Schahap/Armenien, †1997 Jerewan): Dichter, Prosaautor (u.a. Kurzgeschichten), Übersetzer (u.a. Alexander Puschkin, Nikolaj Nekrassow, Iwan Franko, Louis Aragon und Maxym Rylskyj), Persönlichkeit des öffentlichen Lebens. Howhannisjans erster Gedichtband *Das Lied meines Lebens* erschien 1948. Träger des Staatspreises der

UdSSR (1979, für die Gedichtreihe *Herbstkönigin* aus dem Buch *Vaters Lied* (1977) und die Gedichtreihe *Lied von der Sonneninsel*). Mitglied des Schriftstellerverbandes der UdSSR seit 1944. Mitglied der KPdSU seit 1948. 1955–1959 und 1978–1982 Herausgeber der *Literarischen Zeitung*, 1959–1975 Zweiter Sekretär des Schriftstellerverbandes Armeniens und 1988–1990 ihr Präsident.

Intra (westarmenische Aussprache: Indra; d.i. Sիրան Չ[ա]րաքեան - Tiran Tschrakjan bzw. Tscharakjan, *1875 Konstantinopel, †1921 nahe Diyarbekir während der Deportation): Dichter, Autor von Aufsätzen sowie Maler und Lehrer. Er erhielt seine Ausbildung am Berberjan College zu Konstantinopel und beendete anschließend die Hochschule für Künste, wo seine Werke von dem russisch-armenischen Maler Howhannes Aiwasowskij geschätzt wurden.

Muscher **Ischchan** (Մուշեղ Իշխան, d.i. Muscher Schenderedschian; *1914 Sivrihisar/Türkei, †1990 Beirut): Genozidüberlebender und auslandsarmenischer Lehrer, Dichter, Roman- und Bühnenautor. Im Zuge der Deportation der armenischen Bevölkerung Sivrihisars gelangte er 1924 nach Damaskus, wo er bis 1928 die Armenische Nationalschule besuchte. Nach einem Aufenthalt in Zypern kam er 1930 zum Studium nach Beirut und studierte ab 1938 in Belgien Pädagogik und Literatur. 1940 nach Beirut zurückgekehrt, unterrichtete er armenische Sprache und Literatur sowie Psychologie. Seit 1932 veröffentlichte er mehrere Bände Lyrik und Prosa, darunter *Die Lieder der Häuser* (1936), *Armenien* (1946), *Leben und Traum* (1949), *Goldener Herbst* (1963) und *Agonie* (1968). Der innere Antrieb der Dichtung von Muscher Ischchan ist der Kampf der eingewanderten Armenier gegen die Vernichtung und für die Bewahrung ihrer Identität.

Awetik **Issahakjan** (Ավետիք Իսահակեան, *1875 in Gjumri, † 1957, Jerewan): Dichter und Person des öffentlichen Lebens; studierte am Geworgjan-Seminar in Etschmiadsin und später an der Universität Leipzig Philosophie und Anthropologie. Nach seiner Rückkehr aus Leipzig trat er 1895 dem *Komitee der Armenischen Revolutionären Föderation* (Daschnakzutjun) bei, wofür er 1896 für ein Jahr inhaftiert wurde. Später hörte er Literatur und Philosophie an der Universität Zürich. 1902 kehrte er erneut nach Armenien zurück und zog dann nach Tiflis (Georgien). Zusammen mit 158 anderen armenischen Intellektuellen wurde er 1908 wieder inhaftiert (so wie auch → Howhannes Tumanjan). Als politisch Verfolgter ging Issahakjan 1911 erneut nach Deutschland, war 1914 Mitbegründer der *Deutsch-Armenischen Gesellschaft* und schrieb für deren Zeitschrift *Mesrob*.

1936 kehrte er nach Armenien zurück, wo er 1943 in die Armenische Akademie der Wissenschaften gewählt wurde. 1946 erhielt er den Stalinpreis. Issahakjan war Mitglied des Obersten Sowjets der Armenischen SSR der zweiten bis vierten Einberufung.

Sapel **Jessajan** (Զապէլ Եսայեան, westarmenische Aussprache: Sabel; geb. Howhannisjan; *1878 Konstantinopel/Scutari, †1942 oder 1943? Baku oder Sibirien): Dichterin, Autorin von Kurzprosa und nicht-fiktionaler Publizistik, Romanschriftstellerin und Übersetzerin (aus dem Französischen); Frauenrechtlerin und Person des öffentlichen Lebens; erste Veröffentlichung 1895; 1895-1902 erster Frankreichaufenthalt, Studium der Literatur u. Philosophie an der Sorbonne und am Collège de France; 1900 Heirat mit dem ebenfalls aus Konstantinopel stammenden Maler Tigran Jessajan, 1902 Rückkehr nach Konstantinopel. Stand als einzige Frau auf der Liste zur

Massenfestnahme armenischer Notabeln in Konstantinopel am 24.-26.04.1915, konnte jedoch ihren Häschern entkommen; Flucht über Bulgarien und wechselvolles Leben im Exil zwischen dem Südkaukasus, Frankreich und Nahem Osten; Flüchtlingshelferin in Baku (1917) und Kilikien (1909, 1920). Anfeindungen für ihre prosowjetische Parteinahme in der armenischen Diaspora; 1926 erste Reise nach Sowjetarmenien, 1933 Teilnahme am Ersten Schriftstellerkongress Sowjetarmeniens und Wahl zur Delegierten auf dem Ersten Gesamtsowjetischen Schriftstellerkongress (Moskau, 1934), dauerhafte Übersiedlung nach Sowjetarmenien; dort erwerbstätig als Autorin sowie Hochschullehrerin für Französisch; trat zu Beginn der stalinistischen Verfolgungen 1936 öffentlich für ihre bereits verhafteten Kollegen ein; 1937 Festnahme und Verurteilung als „Volksfeindin"; im Januar 1939 Todesurteil zur Erschießung, abgewandelt am 8. Mai 1939 zu zehnjähriger Verbannung. Verschollen 1941-43, vermutlich während der Gefängnishaft in Baku (1942) oder in sibirischer Lagerhaft (1943) ermordet.

Jeruchan (Երուխան; d.i. Երուանդ Սրմաքէշխանլեան - Jerwand Srmakeschchanljan; *1870 Konstantinopel, †1915 ermordet nahe Mezire/Mamuret-ül-Aziz/ heute Elazığ): Lehrer, Journalist, Prosaautor und Romanschriftsteller.

Silwa **Kaputikjan** (Սիլվա Կապուտիկյան, *1919 Jerewan, † 2006, Jerewan): Lyrikerin, Prosaschriftstellerin, Autorin von Kinderliteratur, Übersetzerin und Person des öffentlichen Lebens. Entstammte einer Flüchtlingsfamilie aus Wan (türk. Van); 1936-41 Philologiestudium an der Staatsuniversität Jerewan sowie 1949-50 Literaturstudium in Moskau. Im Alter von 13 Jahren erste Gedichtveröffentlichung, 1942 Veröffentlichung des ersten von insgesamt 60 Lyrikbänden (einschließlich zahlreicher Übersetzungen ins Russische seit 1947 und andere Sprachen); 1947 Eintritt in die KPdSU; Staatspreisträgerin der UdSSR (1952) und Sowjetarmeniens (1988); 1998 vom Cambridge International Geographic Institute zur „Frau des Jahres" erklärt. Sowjetarmenische Volksdeputierte 1975-1980. 1988-91 gemeinsam mit dem Schriftsteller Sori Balajan einflussreiche Wortführerin der irredentistischen Karabachbewegung Sowjetarmeniens.

Komitas (Կոմիտաս – westarmenische Aussprache Gomidas, d.i. Սողոմոն Սողոմոնյան - Soromon Soromonjan; *1869 Kütahya/Türkei, †1935 Villejuif/Frankreich): Geistlicher (Archimandrit, armenisch: Wardapet) der armenisch-apostolischen Kirche und Komponist, Chorleiter, Musikethnograph, -theoretiker und -pädagoge. Komitas kam in Kütahya zur Welt, wo eine repressive Politik zur sprachlichen Türkisierung der armenischen Bevölkerung geführt hatte. Komitas lernte Armenisch erst, als er nach dem Tod seiner Eltern als Waise an das Katholikat nach Etschmiadsin in Armenien gebracht wurde, wo er seine Ausbildung erhielt und 1893 ein Studium der Theologie begann. Seine musikalische Begabung entwickelte er vor allem bei Auslandsstudien in Tiflis und Berlin, wo er mit Unterstützung des Katholikos Chrimjan studieren konnte.

Komitas gehörte zu den am 24. April in Konstantinopel Festgenommenen und dann in die Provinz Ankara Deportierten. Wegen seiner internationalen Prominenz gehörte Komitas zu den wenigen Festgenommenen, deren Freilassung Innenminister Mehmet Talat 1915 anordnete. Doch als Komitas bei seiner Rückkehr nach Konstantinopel sein einzigartiges Musikarchiv verwüstet vorfand, stürzte ihn dies in eine seelische Krise, die er nie überwand. Von

1922 bis zu seinem Tod am 22. Oktober 1935 lebte er zurückgezogen in der psychiatrischen Anstalt von Villejuif nahe Paris.

Howhannes **Melkonjan** (Հովհաննես Մելքոնյան, *1937 Anipemza/Armenien, †2009 Jerewan): Schriftsteller (unter anderem von Kriminalromanen) und Dramatiker. Seine Familie flüchtete 1915 aus Musch (Südarmenien) nach Gjumri.

Nach Abschluss seines Philologiestudiums an der Staatsuniversität Jerewan 1960 arbeitete er als Journalist, leitete 1965 bis 1968 die Redaktion der Zeitung *Awangard* und von 1972 bis 1974 stellvertretend die Zeitschrift *Garun*. Er arbeitete in den Redaktionen von *World of Books, Literary Newspaper*, im Verlag *Sowetskij Pisatelj* und im Fernsehfilmstudio *Jerewan*. Seit 1968 Mitglied des armenischen Schriftstellerverbandes, seit 1988 dessen Erster Sekretär, seit 1996 Präsident des armenischen Schriftstellerverbandes und seit 2003 Mitglied der Internationalen Organisation des Schriftstellerverbandes.

1979 wurde der Spielfilm „Bow to Tomorrow" nach Melkonjans Drehbuch gedreht. Er ist Autor der Roman- und Kurzgeschichtensammlungen *Karawane* (1971), *Stimme eines fernen Landes* (1973), *Interview* (1977) und *Muttersprache* (1980), der Bühnenstücke *Vater Tonapets Monolog* (Mit-Autor: G. Chalikyan, 1973) und *Resignation* (1978)

Edward **Militonjan** (Էդվարդ Միլիտոնյան, *1952 Jerewan): Kunstmaler, Dichter, Dramatiker und Person des öffentlichen Lebens. Nach Studienabschluss 1974 an der Philologischen Fakultät der Staatsuniversität Jerewan arbeitete Militonjan für die Zeitschriften *Pionier, Zizernak* und *Garun*; Mitglied des Schriftstellerverbandes Armeniens seit 1977 und seit 2022 der International Association of Writers (USA). 1995 Ernennung zum 1. Stellvertretenden Minister des Ministeriums für Information und Verlagswesen und Direktor des *Radio Armenien*. Militonjan leitete die Propaganda- und PR-Abteilung des Verteidigungsministeriums und beriet den Regierungschef der Republik Armenien. Seit 2013 leitet er die Verlagsagentur des Kulturministeriums der Republik Armenien. Er ist Autor von 88 Büchern, die auf Armenisch und 26 anderen Sprachen veröffentlicht wurden. Ein Großteil seiner Bücher enthält seine eigenen Illustrationen und sein Design. Seine Gemälde wurden im In- und Ausland ausgestellt. Militonjan ist Autor mehrerer Filme sowie des Fernsehmagazins *Wernatun*.

Wrtanes **Papasjan** (Վրթանես Փափազյան, *1866 Wan (türk.: Van), †1920 Jerewan): Schriftsteller, politischer und kultureller Aktivist, Literaturkritiker, Herausgeber, Literaturhistoriker, Lehrer und Übersetzer. Sein Vater, Archimandrit Mesrop Papasjan, war eine bekannte Persönlichkeit des geistlichen und öffentlichen Lebens, Pädagoge, Schriftsteller, Theaterexperte und Dramatiker. Im Alter von vier Jahren zog W. Papasjan mit seinen Eltern nach Agulis (Nachitschewan), wo er seine Grundschulausbildung erhielt.

Er setzte seine Ausbildung an der Aramjan-Schule in Täbris und am Theologischen Geworkjan-Seminar in Etschmiadsin fort. Später studierte er an der Genfer Universität an der Fakultät für Literatur und Sozialwissenschaften. Aufgrund der harten Lebensumstände begann er schon im Alter von 15 Jahren als Hilfsarbeiter, Fotograf und Telegrafist zu arbeiten. Lange Zeit unterrichtete er an Schulen in Wan, Erzurum, Tiflis, Teheran, Schuschi, Bukarest u.a. und war als Redakteur verschiedener armenischer Zeitungen, darunter die Wochenzeitung *Karabach*

(Schuschi) und für mehrere armenische, russische und europäische Presseorgane tätig.

Der Genozid von 1915 traf auch Papasjans Familie. Sein Bruder Nerses (Archimandrit Maschtoz), Abt der armenischen Kirche in den nordamerikanischen Städten Worcester und Boston, wurde am 24. April 1915 in Konstantinopel verhaftet und ermordet. Wrtanes Papasjan wurde von der russischen Regierung wegen der Förderung freiheitlicher Ideen verfolgt und wegen seiner Ansichten zur nationalen Befreiung im Osmanischen Reich in Abwesenheit zum Tode verurteilt.

Als Autor setzte sich W. Papasjan gegen nationale und soziale Unterdrückung ein. Seine frühen Schriften schildern das Leben der Westarmenier. In den 1890er Jahren erschienen diese Geschichten in der Presse, 1889 und 1904 in zwei Büchern.

Papasjan verurteilte Unterwürfigkeit und Kriecherei, stellte tragische Szenen aus dem Kampf der Westarmenier gegen die Organisatoren des Völkermords dar und schuf heldenhafte Charaktere (*Cheran, Der Blitz, Kleine Freuden, Die Totgeweihten grüßen dich!*). Sein Roman *Emma* (Tiflis, 1901) kritisiert einige armenische Parteien scharf als volksfern, weil diese Parteien ihren Sitz im europäischen Ausland haben und somit weit von der Heimat entfernt liegen. Dennoch proklamieren sich diese Parteien als Führer im Kampf gegen die osmanische und russische Tyrannei.

Papasjan veröffentlichte außerdem kritische Artikel zur armenischen, russischen und Weltliteratur und verteidigte die Prinzipien des Realismus. Er war der erste Verfasser einer vollständigen Geschichte der armenischen Literatur (1910). Er übersetzte aus dem Russischen (M. Saltykow-Schtschedrin, L. Tolstoj), den Werken Nietzsches und anderer. Er verfasste eigene der allgemeinen Zivilisation,

Kunst, Linguistik sowie der Geschichte literarischer Strömungen gewidmete Werke.

Anahit **Parsamjan** (Անահիտ Պարսամյան *1947 Jerewan, †2017 Jerewan): Dichterin, Übersetzerin (aus dem Russischen, u.a. Marina Zwetajewa), Prosaschriftstellerin (Roman *Das Kreuz von Aschot dem Eisernen*; Märchen, Kinderliteratur), Journalistin. 1979-81 Studium an der Philologischen Fakultät der Staatsuniversität Jerewan sowie am Moskauer Gorkij-Literaturinstitut; erster Gedichtband *Phönix* 1973; Mitglied des armenischen Schriftstellerverbandes seit 1975; 1993-2004 unterrichtete Parsamjan an der Jerewaner Pädagogischen Universität. Ihre Gedichtbände wurden u.a. ins Russische, Englische und Französische übersetzt.

Mkrtitsch **Peschiktaschljan** (Մկրտիչ Պեշիկթաշլյան; westarmenische Aussprache: Beschiktaschljan; *1828 Ortaköy/Konstantinopel, †1868 Konstantinopel): Dichter, Dramatiker und Pädagoge; 1834-39 Besuch der Mchitarjan-Schule in Pera/Konstantinopel, 1839-45 des Muradjan-College in Padua (Italien), wo er bei den Dramatikern Petros Minasjan und Arsen Bagratuni studierte. 1845 Rückkehr nach Konstantinopel, wo er armenische Sprache und Literatur an armenischen Schulen unterrichtete; Begründer der Lyrik in neuarmenischer Sprache sowie des armenischen Berufstheaters im Osmanischen Reich.

Ruben **Sardarjan** (Ռուբէն Զարդարեան; westarmenische Aussprache: Rupen Sartarian; auch: Zartarian *1874, Sewawerak, türk. Siverek †1915 bei Karacaören ermordet): R. Sardarjan wuchs ab dem zweiten Lebensjahr in der Provinzhauptstadt Charberd (türk. Harput, heute Elazıg) auf, wo er erst eine armenische und dann eine amerikanische Schule besuchte, bevor er in die private Lehranstalt seines literarischen Vorbildes Tlkatinzi (Թլկատինցի; westarmenische Aussprache: Tlgadinzi; d.i. Howhannes Harutjunjan, 1860-20.06.1915) überwechselte. Wie Tlkatinzi, galt auch Sardarjan, der schon seit seinem elften Lebensjahr publizierte, als Vertreter der westarmenischen Dorfliteratur, und wurde wie sein Mentor Opfer des Elitizids von 1915.

1892-1903 unterrichtete Sardarjan an der armenischen Schule von Mezire (Mamuret ül-Aziz) die Fächer Armenisch, Französisch, armenische Literatur und Geschichte. Wegen seines politischen Engagements in der Partei *Daschnakzutjun* wurde er 1903 festgenommen und ein Jahr inhaftiert. 1904 begab sich Sardarjan nach Smyrna, um dort die Leitung einer armenischen Schule zu übernehmen, was die Ortsbehörden jedoch verhinderten. Stattdessen wurde ihm erlaubt, nach Manissa zu gehen, wo er für kurze Zeit eine armenische Schule leitete, doch auch dort setzten behördliche Schikanen ein, die ihn ins Exil trieben. 1905 bis 1908 verbrachte er mit seiner Familie in der bulgarischen Stadt Plowdiw, wo er die armenische Zeitschrift *Rasmik* redigierte. Wie zahlreiche andere osmanische Exilanten, kehrte Sardarjan nach der jungtürkischen Revolution 1908 in seine Heimat zurück. Dort arbeitete er in Konstantinopel als Lehrer, ab Dezember 1908 bei der armenischen Zeitschrift *Shamanak* („Zeit") und ab 1909 als Herausgeber des wichtigsten Parteiorgans der *Daschnakzutjun*, der Tageszeitung *Asatamart* (Ազատամարտ – „Freiheitskämpfer").

Neben seiner intensiven journalistischen Tätigkeit trat Sardarjan als Lyriker, Prosaschriftsteller (Novellen, Märchen, Fabeln), als Verfasser literarischer Artikel sowie als Übersetzer hervor; so übersetzte er u.a. Maxim Gorkij, Wladimir Korolenko, Émile Verhaeren, Victor Hugo, Anatole France, Percy Shelley, Oscar Wilde und Selma Lagerlöf ins Armenische.

Obwohl die Führung der *Daschnakzutjun* seit 1902 mit den ebenfalls ins Exil gedrängten osmanischen Konstitutionalisten und insbesondere mit dem oppositionellen *Komitee für Einheit und Fortschritt* (Ittihat ve Terakki Cemiyeti) paktierte, wurden die Angehörigen und Führungskräfte dieser Partei im Zuge des Elitizids von 1915 schwer verfolgt. Die Zeitung *Asatamart* war bereits durch den Beschluss eines Militärtribunals vom 18. März 1915 verboten worden. Das gesamte Redaktionskollegium, darunter Sardarjan, gehörten zu den ersten der ab dem 24. April 1915 in Konstantinopel Festgenommenen.

Als politischer Aktivist wurde Sardarjan nach Ayaş (Provinz Ankara) deportiert, eingekerkert und am 5. Mai 1915 unter Bewachung über Konya und Aleppo in Richtung Diyarbekir weitergeschickt, wo er vor ein Militärgericht gestellt werden sollte. Sein Schicksal nimmt das des osmanischen Abgeordneten → Grigor Sohrap vorweg: Unterwegs lauerten ihm Briganten unter Führung der Leutnants Halim und Nazım sowie des Majors Sirozlu Çerkez Ahmet ("Ahmed der Tscherkesse") auf und ermordeten am 16. August 1915 Sardarjan in der Nähe eines Karacaören genannten Ortes.

Parujr **Sewak** (Պարույր Սևակ, d.i. Պարույր Ղազարյան - Parujr Rasarjan; *1924 Tschachtschi/heute: Sangakatun, †1971 Sowetaschen/heute: Sangakatun): Dichter; Übersetzer und Publizist; 1945 Absolvent der Staatsuniversität Jerewan, Fachrichtung Philologie, 1956 des Maxim Gorkij-Literatur-Instituts (Moskau); seit 1963 Forschungstätigkeit am Literaturinstitut der Akademie der Wissenschaften Armeniens; 1966-1971 Vorsitzender des Schriftstellerverbandes Armeniens; Tod durch Autounfall in der Nähe seines Heimatorts.

Ruben **Sewak** (Ռուբէն Սեւակ; westarmenische Aussprache: Rupen Sewag, d.i. Ruben Tschilingirjan; *1885 Sewerik/türk. Silivri, unweit Konstantinopel–†1915 bei Tüney ermordet): Arzt und Dichter.

Nach dem Besuch einer amerikanischen Mittelschule zog er 1901 nach Konstantinopel und besuchte dort das Berberjan-College. Es folgte ein Medizinstudium in Lausanne, wo er nach dem Studium bis 1914 als Arzt praktizierte, bevor er nach Konstantinopel zurückkehrte. Während der Balkankriege 1912/13 diente Dr. Tschilingirjan als Hauptmann in der osmanischen Armee.

1910 heiratete Tschilingirjan die Erfurterin Helene Maria Anna Apell, die ab September 1915 mit ihren Eltern versuchte, das deutsche Auswärtige Amt dazu zu bewegen, sich für ihren deportierten Ehemann einzusetzen. Als H. Apell-Tschilingirian erfuhr, dass ihr Ehemann bereits ermordet war, flehte sie die deutschen Beamten an, sich für die noch lebenden Armenier einzusetzen: „Retten Sie durch definitiven Befehl, was noch zu retten ist. Das Blut der Unschuldigen, Frauen, Kinder, Kranke und Greise schreit zum Himmel, der Deutschland mit einem Fluche treffen könnte, wenn es nicht alles tut was in seinen eisernen Kräften steht."

Unter seinem literarischen Pseudonym Sewak veröffentlichte er 1905 sein erstes Gedicht, 1913 folgte Prosa unter dem Titel *Aus dem Tagebuch eines Arztes.* Auf der Deportation von Çankırı nach Ankara wurde er 1915 mit seinen fünf Leidensgenossen von Kurden ermordet. Die kurdischen Mörder wurden in Untersuchungshaft genommen und rechtfertigten sich während des Militärgerichtsverfahrens damit, dass sie auf ausdrücklichen Befehl des *Ittihat*-Komitees von Çankırı gehandelt hätten. Es kam bei diesem Verfahren auch heraus, dass der Anführer der Bande, der Kurde Alo, einen Monat vor dem Mord

Ruben Sewak gewarnt hatte, aus Dankbarkeit dafür, dass Sewak Alos schwerkranke Tochter geheilt hatte; Alo soll gesagt haben: „Du tust mir leid, denn Unheil wird dich heimsuchen! Keiner von euch wird sich davor retten können. Tritt zum Islam über! Ich will dir meine Tochter geben und dein junges Leben retten. Hör zu, wie es aussieht, wollen die dich ermorden, doch falls du meinen Vorschlag ablehnst, werde ich dich persönlich in Stücke schneiden, wenn die Zeit gekommen ist."

Siamanto (Սիամանթօ; d.i. Ատոմ Եարճանեան - Atom Jardschanjan, *1878 Akn, türk. Eğin/heute Kemaliye, Türkei, †August 1915 ermordet während der Deportation): Lyriker; 1891 Übersiedlung nach Konstantinopel zum Besuch des Gymnasiums; 1896-1908 Flucht aus der Türkei unter dem Eindruck der Massaker von 1894-96 und Exil, seit 1897 Studium in Kairo, Genf, London und Paris; 1909 Reise in die USA; publizistisch für die armenischen Zeitschriften *Asatamart, Anahit* und *Banber* tätig; am 24. April 1915 Festnahme bei Massenverhaftung armenischer Intellektueller in Konstantinopel; Deportation und Ermordung.

Astrik **Simonjan** (Աստղիկ Սիմոնյան, *1973 Jerewan): Prosa- und Drehbuchautorin; studierte Pädagogik sowie Literaturwissenschaft und erhielt ihre Ausbildung als Filmdramaturgin am Moskauer Staatsinstitut für Kinematographie; sie leitete die Literaturabteilung des Jerewaner Hamasgajin-Theaters und unterrichtet Drehbuchkenntnisse am Jerewaner Staatsinstitut für Theater und Kino. Ihre Werke erschienen in armenischen Literaturzeitschriften und wurden ins Russische, Englische, Französische sowie Persische übersetzt.

Grigor **Sohrap** (Գրիգոր Զոհրապ; westarmen. Aussprache: Sohrab; *1861 Konstantinopel, †25. August 1916 Karaköprü ermordet); Strafverteidiger, Hochschuldozent, Parlamentsabgeordneter seit 1911, Person des öffentlichen Lebens und Prosaschriftsteller (Novellen).

Wahan **Tekejan** (Վահան Թէքէեան ,*1878 Konstantinopel, †1945 Kairo): Dichter, Lehrer und Sozialarbeiter. Den Elitizid von 1915 überlebte dieser berühmte Dichter westarmenischer Sprache, weil er sich in Ägypten befand. Die Ermordung seiner Schriftstellerkollegen und die eigene „Überlebensschuld" erschütterten Tekejans Glauben an Gott, den er in vielen seiner Gedichte um eine Erklärung dafür anflehte, warum er die Armenier zu Opfern gemacht hatte.

Jerische **Tscharenz** (Եղիշէ Չարենց, d.i. Abgar Soromonjan, *1897 Kars, †1937 Jerewan): Dichter, Prosaautor, Übersetzer; Lehrer; Literaturkritiker, Kulturfunktionär. Seine Eltern stammten aus der iranischen Stadt Maku; sein Vater war Teppichhändler.

1912 erste Gedichtveröffentlichung, 1914 erster Gedichtband. Als Angehöriger der 6. Armenischen Freiwilligenbrigade erblickte Tscharenz nördlich von Wan (türk. Van) die Leichen ermordeter Armenier und verarbeitete unter dem unmittelbaren Eindruck dieser Fronterlebnisse in seinem Gedicht *Danteske Legende* (1915-16) als erster armenischer Autor die Vernichtung seines Volkes.

Herbst 1916 Student an der Moskauer Volksuniversität; 1918-19 als Freiwilliger in der Roten Armee, Teilnahme am russischen Bürgerkrieg. Im Herbst 1919 unterrichtete er an der Schule des Dorfes Baschkyadiklar in der Region Kars. Im November 1920, nach der Sowjetisierung Armeniens, übernahm er bis Mai 1921 die Position des Leiters der Kunstabteilung im Volkskommissariat für Aufklärung; ab 1922 Studium in Moskau am Literatur- und Kunst-Institut; Ende 1924-5 Auslandsreisen als sowjetischer Diplomat (u.a. Italien, Frankreich, Deutschland, Türkei); 1925 Gründungsmitglied der Schriftstellervereinigung *Nojember*; 1928-35 Leiter der Kunstabteilung des Staatsverlages (Moskau).

Ab 1932 geriet Tscharenz ins Visier des zunehmend repressiven Sowjetregimes. 1934 nahm er zwar noch am ersten Schriftstellerkongress der UdSSR teil, erhielt jedoch im selben Jahr Publikationsverbot. 1935 wurde er aus dem Verlag und dem Schriftstellerverband ausgeschlossen. Ab dem 20. Juni 1936 verhandelte der aus Wan stammende, populäre sowjetarmenische Parteiführer Arassi Chandschjan (1901-1936) mit der Führung des sowjetischen Geheimdienstes NKWD über eine Ausreisegenehmigung für Tscharenz aus gesundheitlichen Gründen. Doch die Ermordung Chandschjans verhinderte die Ausreise. Ab dem 24. September 1936 stand Tscharenz unter Hausarrest. Am 26.07.1937 wird er wegen ‚aktiven Kampfes gegen den Sowjetstaat' verhaftet und starb am 27. November 1937 um 7:00 Uhr nach Tagen der Bewusstlosigkeit verlassen und hilflos im Krankenhaus des Zentralgefängnisses. Im Autopsie-Protokoll des folgenden Tages heißt es: „Die Leiche eines unterdurchschnittlich großen, stark abgemagerten Mannes wurde zur Untersuchung vorgelegt. Auf der Außenseite des linken Unterarms befand sich eine Tätowierung: ‚Januar 1927, A.Tsch.'" Die Tätowierung enthielt das Todesdatum der geliebten Ehefrau des Dichters, Arpenik Tscharenz.

Der Ort seines Grabes ist unbekannt. 1954, ein Jahr nach Stalins Tod, wurde Tscharenz durch eine Rede von Anastas Mikojan, damals noch als sowjetischer Handelsminister Regierungsmitglied, posthum ‚rehabilitiert'.

Howhannes **Tumanjan** (Յովհաննէս Թումանեան, *1869 Dser/Armenien, †1923 Moskau); Lehrer, Dichter, Prosaautor (Balladen, Märchen, Romane, Fabeln), Journalist, Übersetzer und Person des öffentlichen Lebens; Sohn eines Dorfgeistlichen, der der Prinzenfamilie Tumanischwili entstammte, eines Zweigs der Königsfamilie Mamikonjan, die im 10. Jahrhundert aus Taron (heute Muş in der Türkei) in den Südkaukasus übersiedelte. Nach dem Tod des tief verehrten Vaters Abbruch der Ausbildung (1883-87) in Tiflis und Rückkehr in sein Heimatdorf; Tätigkeit als Schreiber; 1899 Begründer der armenischen Literaturgruppe *Wernatun*; humanitäres und gesellschaftliches Engagement; 1908-09 und 1911-12 wegen seiner Schlichtungsversuche bei den von der russischen Verwaltung im Südkaukasus provozierten Zusammenstößen zwischen Armeniern und Aserbaidschanern zweifach in Tiflis in Haft.

Warand (Վարանդ, d.i. Սուքիաս Յակոբ Գուրքչեան – Sukias Hakob Gurkdschjan - Soukias Hacob Koorkchian, *1954 Teheran); Dichter, Dramatiker, Lyriker, Autor, Übersetzer und Maler; veröffentlichte seit 1972 27 Gedichtbände. Warand wurde 2001 von der Grigor-Lussaworitsch-Universität in Etschmiadsin (Armenien) zum Professor für armenische Literatur ernannt. Er übersetzt sowohl persische Klassiker als auch moderne Lyrik in die armenische Sprache. Warand war über zehn Jahre lang Vorsitzender der 1961 gegründeten Armenischen Schriftstellergesellschaft des Iran; er ist verantwortlicher Redakteur für das Kulturressort der armenischen Tageszeitung *Alik*, Ehrenmitglied des Schriftstellerverbandes der Republik Armenien und Professor für armenische Literatur an der Azad-Universität für Fremdsprachen in Teheran.

Daniel **Waruschan** (Դանիէլ Վարուժան, d.i. Դանիէլ Չպուքքեարեան - Daniel Tschpuk(a)karjan; *1884 Br-gnik/bei Sivas, †1915 Tüney, ermordet): Lyriker; Sohn eines Bauern; 1896 Übersiedlung nach Konstantinopel und Besuch von Schulen des armenisch-unierten Mechitaristenordens, seit 1902 in Venedig und Wien; 1905-8 Studium der Geschichte, Literatur sowie belgischen und französischen Kunst in Gent; 1909 Rückkehr in das Heimatdorf Brgnik als Schullehrer; seit 1912 Direktor einer armenischen Schule in Konstantinopel; 1914 Gründungsmitglied der Literaturgruppe und gleichnamigen Zeitschrift *Mehjan*; am 24. 4. 1915 verhaftet, in Çankırı interniert und beim Weitertransport nach Ankara auf Befehl der örtlichen jungtürkischen Parteizentrale von gedungenen kurdischen Tätern gefoltert und ermordet; hinterließ vier Gedichtsammlungen.